Impressum
Verlag: BABADADA GmbH, Nedderfeld 112 , 22529 Hamburg
Geschäftsführer / Verlagsleitung: Harald Hof
Druck: Books on Demand GmbH, In de Tarpen 42, 22848 Norderstedt

Imprint
Publisher: BABADADA GmbH, Nedderfeld 112 , 22529 Hamburg, Germany
Managing Director / Publishing direction: Harald Hof
Print: Books on Demand GmbH, In de Tarpen 42, 22848 Norderstedt, Germany

ቤት-ትምህርቲ

escuela

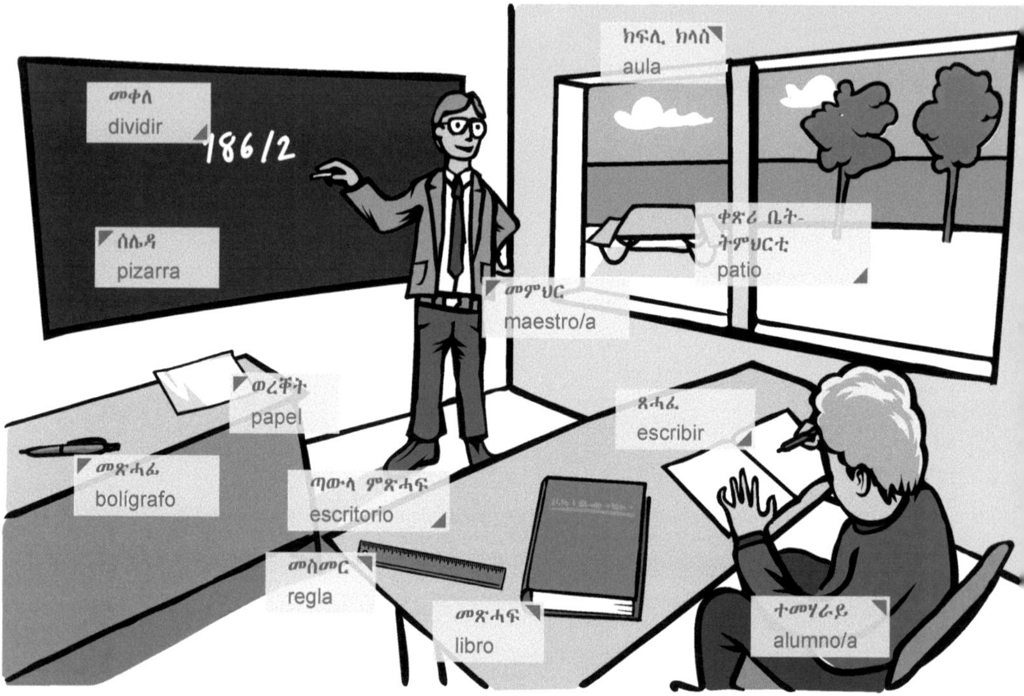

ክፍሊ ክላስ
aula
መቀለ
dividir
186/2
ሰሌዳ
pizarra
ቀጽሪ ቤት-ትምህርቲ
patio
መምህር
maestro/a
ወረቐት
papel
ጸሓፈ
escribir
መጽሓፊ
bolígrafo
ጣውላ ምጽሓፍ
escritorio
መስመር
regla
መጽሓፍ
libro
ተመሃራይ
alumno/a

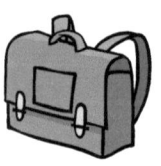

ሳንጣ ትምህርቲ
....
cartera

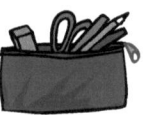

ሰፈር ብርዒ
....
caja de lápices

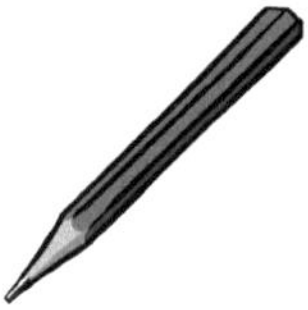

ርሳስ
....
lápiz

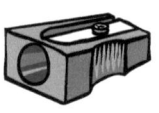

መብልሒ ርሳስ
....
sacapuntas

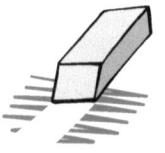

መደምሰሲ
....
goma de borrar

ጥራዝ ስእሊ
....
cuaderno de dibujo

ስእሊ
dibujo

ብርሳ ቀለም
pincel

ቦክስ ቀለም
caja de pinturas

መቐስ
tijeras

መጣበቒ
pegamento

ጥራዝ መላመዲ
cuaderno de ejercicios

ዕዮ ገዛ
deberes

ቁጽሪ
número

ወሰኸ
sumar

ጎደለ
restar

ረብሓ
multiplicar

ደመረ
calcular

ፊደል
letra

ስርዓት ፊደላት
alfabeto

hello

ቃል
palabra

ጽሑፍ

texto

አንበበ

leer

ኩርሽ

tiza

ሰዓት

lección

መዝገብ ክላስ

cuaderno de notas

መርመራ

examen

ሰርቲፊከት

certificado

ድቢዛ ቤትትምህርቲ

uniforme escolar

ትምህርቲ

educación

ለክሲኮን

enciclopedia

ዩኒቨርሲቲ

universidad

ሚክሮስኮፕ

microscopio

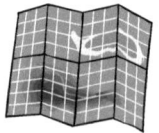

ካርታ

mapa

ጎሓፍ ወረቓት

papelera

መገሻ

viaje

መቐበሊ ኣጋይሽ
hotel
ሆስተል
albergue
ቦታ ቅያር ገንዘብ
oficina de cambio de divisas
ባሊጃ
maleta
መኪና
coche

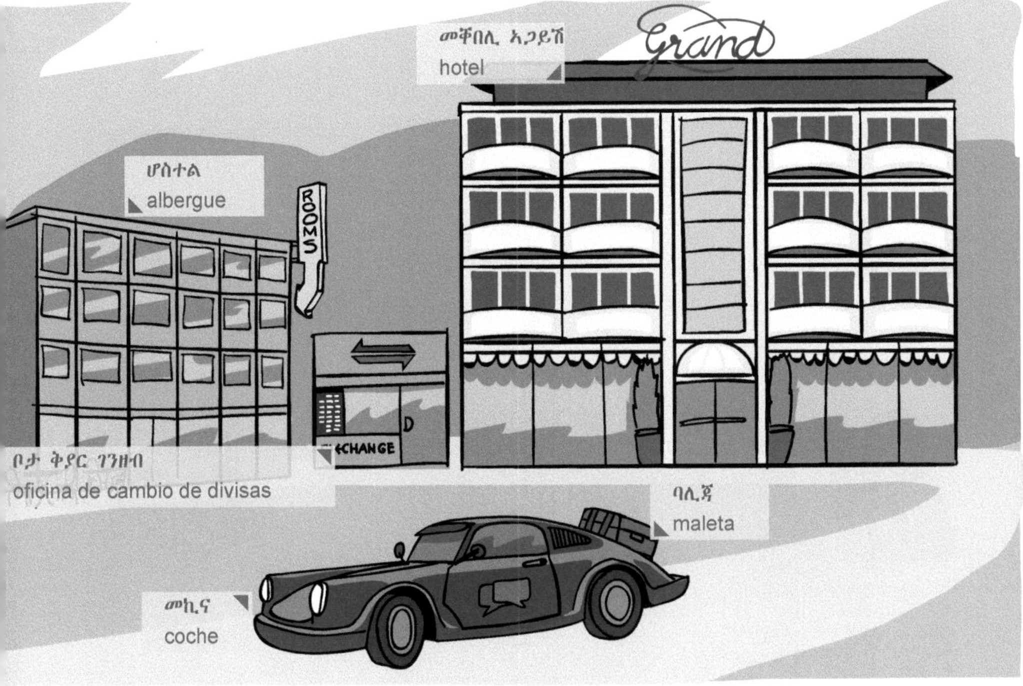

ቋንቋ

idioma

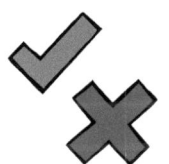

እወ / ኖ

sí / no

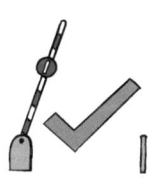

ሕራይ

Vale

ሰላም

hola

ኣስተርጓሚ

traductor

የቐንየለይ

Gracias

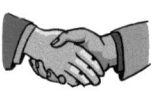

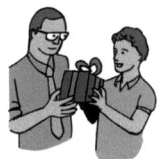

. . . ክንደይ ዋግኡ?

¿cuánto es…?

አይተረደኣኹን

No entiendo

ሽግር

problema

ሰላም ምሸት!

¡Buenas tardes!

ከመይ ሓዲርካ

¡Buenos días!

ሰላም ለይቲ

¡Buenas noches!

ደሓን ኩን

adiós

አንፈት

dirección

ጓዕዝ

equipaje

ሳንጣ

bolsa

ሳንጣ ሕቖ

mochila

ጋሻ

invitado

ክፍሊ

habitación

ክሻ መደቀሲ

saco de dormir

ቴንዳ

tienda de campaña

ሓበሬታ በጻሕቲ ሃገር
....
información turística

ገምገም ባሕሪ
....
playa

ክረዲት ካርድ
....
tarjeta de crédito

ቁርሲ
....
desayuno

ምሳሕ
....
almuerzo

ድራር
....
cena

ቲከት
....
billete

ሊፍት
....
ascensor

ማሕተም ደብዳበ
....
sello

ዶብ
....
frontera

ድንና
....
aduana

ኣምበሲ
....
embajada

ቪዛ
....
visa

ፓስፖርት
....
pasaporte

መጓዓዝያ

transporte

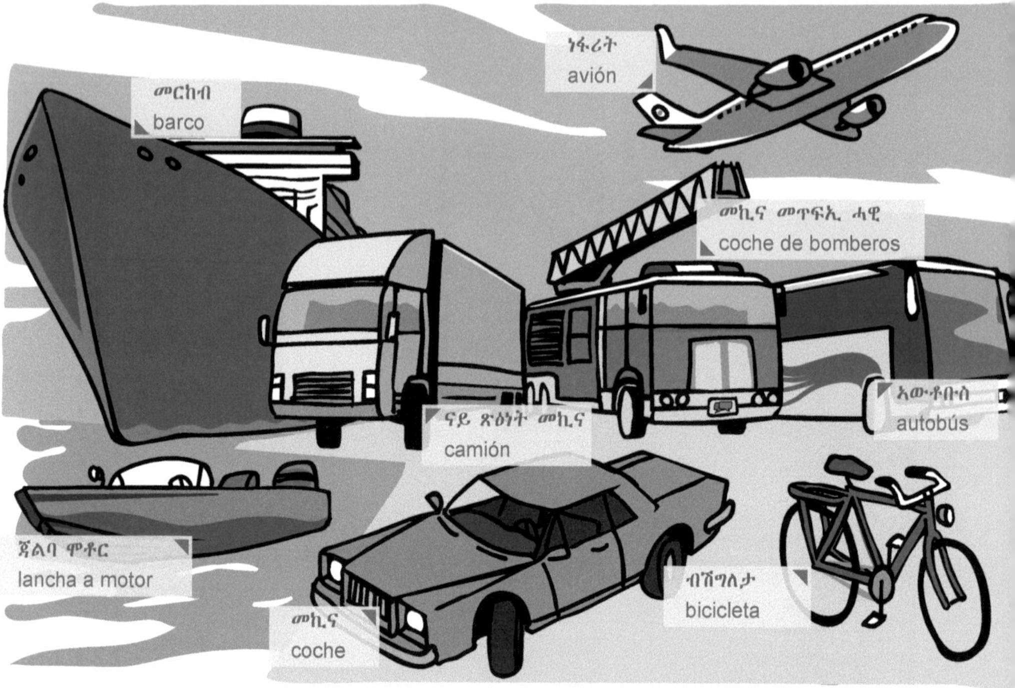

ነፋሪት
avión
መርከብ
barco
መኪና መጥፍኢ ሓዊ
coche de bomberos
ኣውቶቡስ
autobús
ናይ ጽዕነት መኪና
camión
ጃልባ ሞቶር
lancha a motor
መኪና
coche
ብሽግለታ
bicicleta

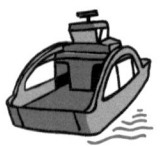

ፈሪ

transbordador

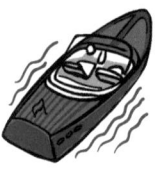

ጃልባ

barca

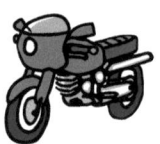

ሞቶ

moto

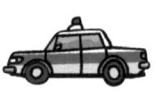

መኪና ፖሊስ

coche de policía

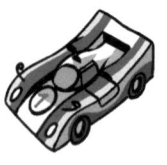

መኪና ቅድድም

coche de carreras

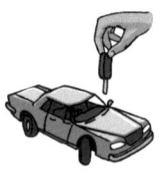

ክራይ መኪና

coche de alquiler

ምውፋይ መካይን

préstamo de vehículos

መወስዲ መኪና

grúa

መኪና ነሓፍ

camión de la basura

ሞቶር

motor

ነዳዲ

gasolina

እንዳ ነዳዲ

gasolinera

ምልክት ትራፊክ

señal de tráfico

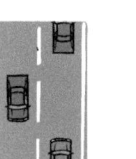

ትራፊክ

tráfico

ምጭቅጫቅ ትራፊክ

atasco

መዓሸጊ መኪና

aparcamiento

መዕረፊ ባቡር

estación de tren

ሓዲግ

vías

ባቡር

tren

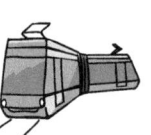

ትረም

tranvía

ባጎኒ

vagón

ሄሊኮፕተር

helicóptero

መዓረፊ ነፈርቲ

aeropuerto

ታወር

torre

ተጓዓዚ

pasajero

ኮንተይነር

contenedor

ሳንዱቅ ካርቶን

caja de cartón

ኮርሳ ጽዕነት

carretilla

ዘንቢል

cesta

ተበገሰ / ዓለበ

despegar / aterrizar

ከተማ

ciudad

ቀኈሸት

pueblo

ማእከል ከተማ

centro de ciudad

ገዛ

casa

ሲነማ
cine

ረክላም
anuncio

መብራህቲ ጎደና
farola

CINEMA

ጽርግያ
calle

ታክሲ
taxi

ባንኮ
quiosco

እግረኛ
peatón

መንገዲ እግር
acera

መራኸቢ
cruce

ምልክት ዘብራ
paso de cebra

ሰፈር ጎሓፍ
contenedor de basura

ሴማፎር
semáforo

አጉዶ

....

cabaña

አፓርትመንት

....

apartamento

መዕረፊ ባቡር

....

estación de tren

ቤት ምምሕዳር

....

ayuntamiento

ቤተ መዘክር

....

museo

ቤት-ትምህርቲ

....

escuela

ዩኒቨርሲቲ

universidad

ባንክ

banco

ሆስፒታል

hospital

መቆበሊ አ.ጋይሽ

hotel

ቤት መድሃኒት

farmacia

ቤት ጽሕፈት

oficina

ዱኳን መጽሐፍቲ

librería

ዱኳን

tienda

ዱኳን ዕንባባ

floristería

ሱፐርማርክት

supermercado

ዕዳጋ

mercado

ሹቅ

grandes almacenes

ነጋዴይ ዓሳ

pescadería

ሹቅ

centro comercial

መርሳ

puerto

መዝናግዒ
parque

ባንኪ
banco

ድልድል
puente

መደያይቦ
escaleras

ባቡር ትሕቲ ምድሪ
metro

ቢንቶ
túnel

መዕረፊ አውቶቡስ
parada de autobús

ቤት መስተ
bar

ቤት-መግቢ
restaurante

ሰታሪት
buzón

ታቤላ
poste indicador

ሰዓት ፓርኪንግ
parquímetro

መካነ እንስሳታት
zoo

መሓምበሲ
piscina

መስጊድ
mezquita

ቤት ሕርሻ
granja

ብከላ
contaminación

መቃብር
cementerio

ቤተክርስትያን
iglesia

ቦታ ምጽዋት
patio de juego

ቤት መቕደስ
templo

ስእሊ መሬት
paisaje

አቑጽልቲ
hoja

መሕበሪ መገዲ
señal

መገዲ
camino

ሸኻ
prado

እምኒ
piedra

ኮብላሊ
excursionista

ኣግራብ
árbol

ፈለግ
río

ሳዕሪ
hierba

ዕንባባ
flor

ስንጭሮ
valle

ኮቦ
colina

ቀላይ
lago

ዱር
bosque

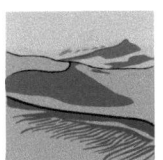

ምድረ በዳ
desierto

እሳተ-ጎመራ
volcán

ግምቢ
castillo

ቀስተ-ደመና
arcoíris

ቃንጥሻ
champiñón

ዓርኮብኮባይ
palmera

ጣንጡ
mosquito

ሃመማ
mosca

ጻጻ
hormiga

ንህቢ
abeja

ሳሬት
araña

ሕንዚዝ

escarabajo

ዕንቅርያብ

rana

ምጽጹላይ

ardilla

ቅንፍዝ

erizo

ማንቲለ

liebre

ጉጓን

lechuza

ጭሩ

pájaro

ስዋን

cisne

መፍለስ

jabalí

ዓጋዘን

ciervo

ሙስ

alce

ግድብ

presa

ተርባይን ንፋስ

turbina eólica

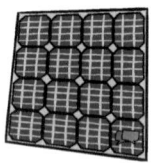

ሶላር ስርሓት

panel solar

ኩነታት ኣየር

clima

ቤት-መግቢ
restaurante

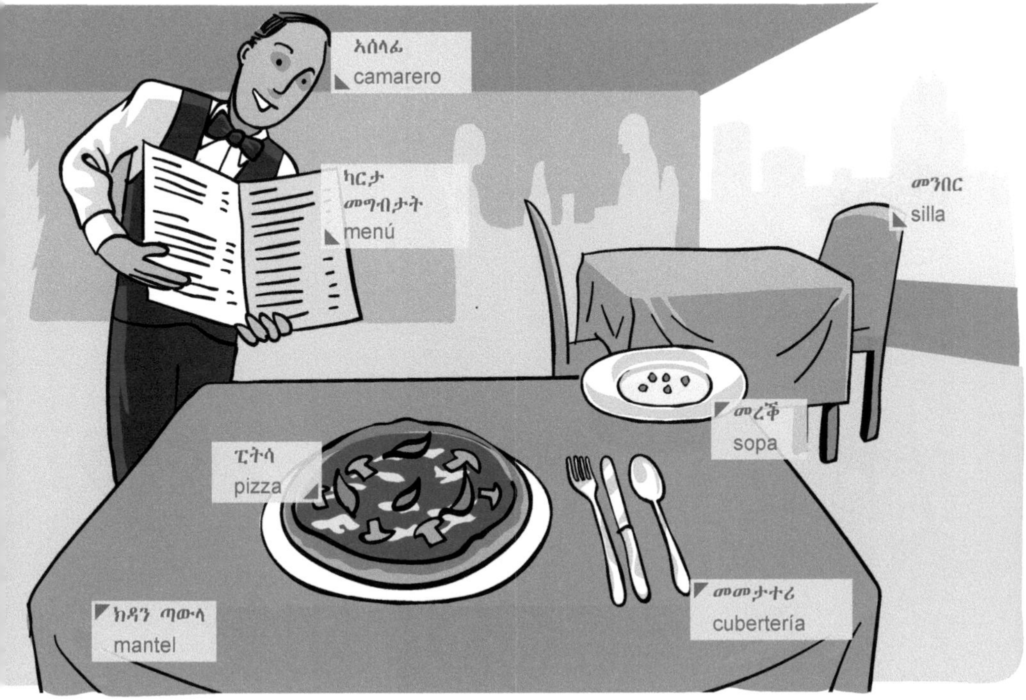

አሰላፊ
camarero
ካርታ መግብታት
menú
መንበር
silla
መረቕ
sopa
ፒትሳ
pizza
ክዳን ጣውላ
mantel
መመታትሪ
cubertería

ቅድመ ቀንዲ መግቢ

primer plato

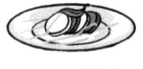

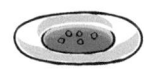

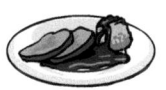

ቀንዲ መአዲ

plato principal

ድሕረ መግቢ

postre

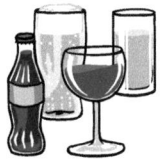

መስተ

bebidas

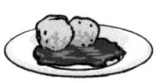

መግቢ

comida

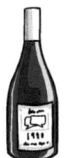

ጥርሙዝ

botella

ስሉጥ መግቢ

comida rápida

መግቢ ጽርግያ

comida callejera

ብርጭቆ ሻሂ

tetera

ታኒካ ሽኮር

azucarero

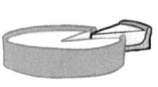

ክፋል

porción

ማሺን ኤስፕረሶ

cafetera expreso

ነዊሕ መንበር

trona

ጸብጸብ

cuenta

ታብለት

bandeja

ካራ

cuchillo

ፋርከታ

tenedor

ማንካ

cuchara

ማንካ ሻሂ

cucharilla

ሰርቪየተ

servilleta

ብኬሪ

vaso

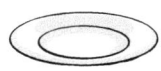

ሸሓኒ

plato

ሸሓኒ መረቅ

plato hondo

ትሕቲ ኩባያ

platillo

ጸብሒ

salsa

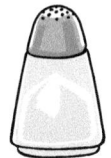

ወዓቢ ጨው

salero

መጥሓን በርበረ

molinillo de pimienta

ኣቾቶ

vinagre

ዘይቲ

aceite

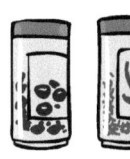

ቀመም

especias

ከቾፕ

ketchup

ኣድሪ

mostaza

ማዮኔዝ

mayonesa

ሱፐርማርክት

supermercado

ወፈያ
oferta especial
FOR
ዓሚል
cliente
ፍርያታት ጸባ
lácteos
ፍረታት
fruta
ሰረገላ ዱኳን
carro de la compra

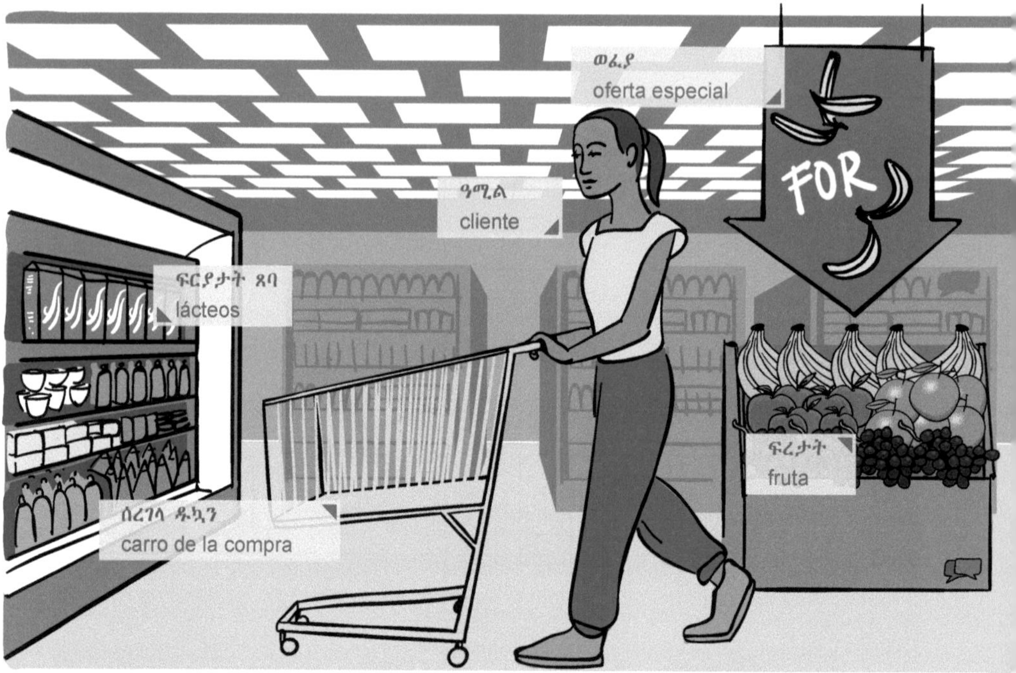

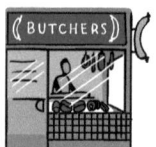

BUTCHERS

እንዳ ስጋ

carnicería

BAKERY

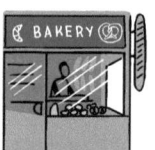

እንዳ ባኒ

panadería

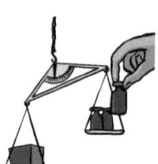

ክብደት

pesar

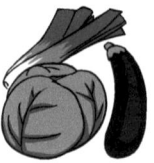

ኣሕምልቲ

verduras

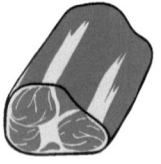

ስጋ

carne

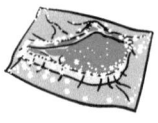

መግቢ ፍሪጅ በረድ

alimentos congelados

ዝሑል ቅሩብ መግቢ

fiambres

እስታጥሳ

conservas

ኦሞ

detergente en polvo

ምቁር መግቢ

dulces

ዘቤታውያን ኣቑሑ

productos de uso doméstico

ናውቲ መጽረዪ

productos de limpieza

ሸቃጣይ

vendedora

ካሳ

caja

ተሓዝ ገንዘብ

cajero

ዝርዝር ምግዛእ

lista de la compra

ክፉት ሰዓታት

horario de atención al público

ማሕፉዳ

cartera

ክሬዲት ካርድ

tarjeta de crédito

ሳንጣ

bolsa

ፌስታል

bolsa de plástico

ማይ

agua

ጭማቂ

zumo

ጸባ

leche

ኮላ

cola

ነቢት

vino

ቢራ

cerveza

አልኮል

alcohol

ካካው

cacao

ሻሂ

té

ቡን

café

ኤስፕረሶ

expreso

ካፑቺኖ

capuchino

ባናና

plátano

ቱፋሕ

manzana

አራንሺ

naranja

ብርጭቆ

melón

ለሚን

limón

ካሮት

zanahoria

ጸዕዳ ሽጉርቲ

ajo

ባምቡስ

bambú

ሽጉርቲ

cebolla

ቅንጥሻ

champiñón

ፉል

avellanas

ፓስታ

fideos

ስፓገቲ

espagueti

ሩዝ

arroz

ሰላጣ

ensalada

ቅልዋ ድንሽ

patatas fritas

ቅሉው ድንሽ

patatas fritas

ፒትሳ

pizza

ሃምቡርገር

hamburguesa

ፓኒኖ

sándwich

ቢስተካ

filete

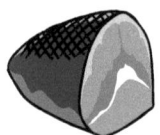

ሰለፍ ሓሰማ

jamón

ሳላሚ

salami

ግዕዝም

salchicha

ደርሆ

pollo

ቀለወ

asado

ዓሳ

pescado

ገዓት
copos de avena

ሙስሊ
muesli

ኮርንፍለይክስ
copos de maíz

ሓርጭ
harina

ክሮሶን
cruasán

ባኒ
panecillo

ባኒ
pan

ቶስት
tostada

ብሽኮቲ
galletas

ጠስሚ
mantequilla

ርጎአ
cuajada

ፓስተ
pastel

እንቋቍሓ
huevo

ቅሉው እንቋቍሓ
huevo frito

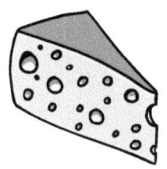

ፋርማጆ
queso

መግቢ - comida

አይስ ክሪም

helado

ሽኮር

azúcar

መዓር

miel

ጃም

mermelada

ኑጋት-ክሪም

crema de turrón

ኩሪ

curry

ቤት ሕርሻ

granja

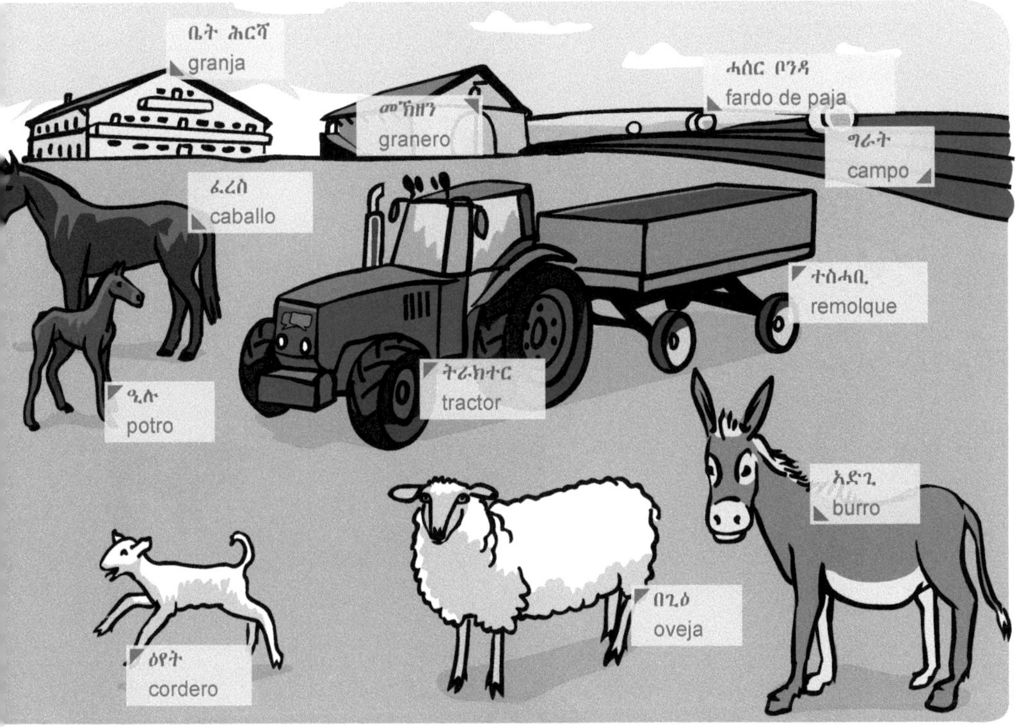

ቤት ሕርሻ
granja
መኽዘን
granero
ሓሰር ቦንዳ
fardo de paja
ግራት
campo
ፈረስ
caballo
ተስሓቢ
remolque
ትራክተር
tractor
ዒሉ
potro
ኣድጊ
burro
በጊዕ
oveja
ዕየት
cordero

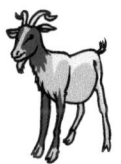

ጤል

cabra

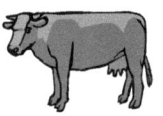

ብዕራይ

vaca

ምራኽ

ternero

ሓሰማ

cerdo

ውላድ ሓሰማ

cerdito

ኣርሓ

toro

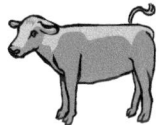

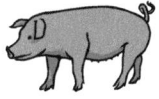

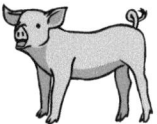

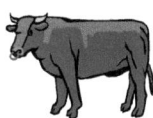

ዓሳ

ganso

ማይ ደርሆ

pato

ጫቑሊት

pollo

ደርሆ

gallina

እርሓ ደርሆ

gallo

እንጨዋ ዓባይ

rata

ድሙ

gato

እንጭዋ

ratón

ብዕራይ

buey

ከልቢ

perro

እጎዶ ከልቢ

perrera

ቱባ ጀርዲን

manguera

መዝፈሪ ማይ

regadera

ዓቢ ማዕጺድ

guadaña

ማሕረሻ

arado

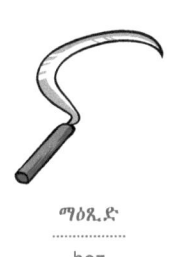

ማዕጺድ

hoz

ጫኹሮ

azada

መስአ

horca

ፋስ

hacha

ዓረብያ ኢድ

carretilla

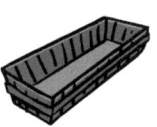

ጋብላ

abrevadero

ብርጭቆ ጸባ

lechera

ክሻ

saco

ሓጹር

valla

መንሰስ

establo

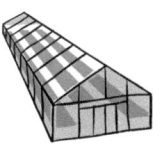

ቤጠልያ ገዛ

invernadero

ባይታ

suelo

ዘርኢ

semilla

ድኹዒ

fertilizador

ዘጣምር ቀውዓይ

cosechadora

ቀውዐ

cosechar

ጸማ

cosecha

ድንሽ ያም

ñame

ስርናይ

trigo

ሶያ

soja

ድንሽ

patata

ዕፉን

maíz

ራፕስ

semilla de colza

ገረብ ፍረታት

árbol frutal

ማኒኦክ

mandioca

ኣእኻል

cereales

ገዛ
casa

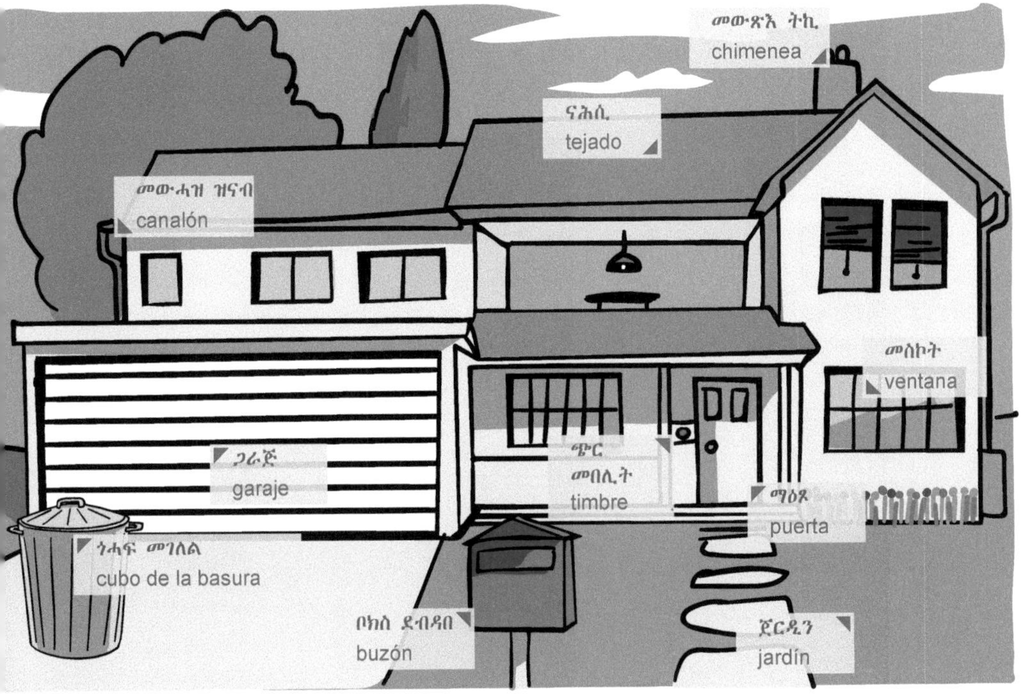

መውጽእ ትኪ
chimenea
ናሕሲ
tejado
መውሓዝ ዝናብ
canalón
መስኮት
ventana
ጋራጅ
garaje
ጭር መበሊት
timbre
ማዕጾ
puerta
ጎሓፍ መገለል
cubo de la basura
ቦክስ ደብዳበ
buzón
ጀርዲን
jardín

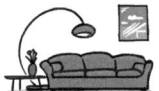

ክፍሊ ምቕማጥ

sala

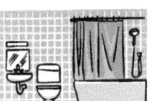

ክፍሊ ባንዮ

cuarto de baño

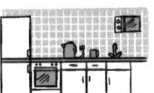

ክሽነ

cocina

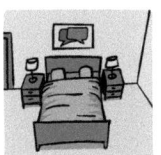

ክፍሊ መደቀሲ

dormitorio

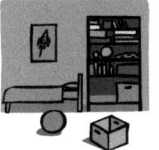

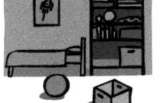

ክፍሊ ቆልዑ

habitación de los niños

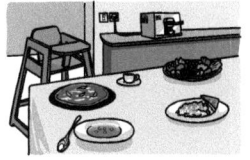

መመገቢ ክፍሊ

comedor

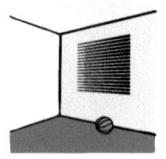

ባይታ
suelo

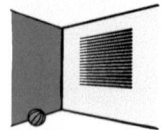

መንደቅ
pared

ከቦርታ
techo

ካንቲና
sótano

ሳውና
sauna

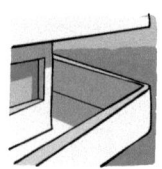

ባልኮን
balcón

ዛላ
terraza

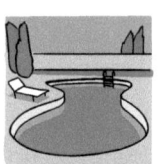

መሕምበሲ
piscina

መቑረጺ ሳዕሪ
cortacésped

አንሶላ ዓራት
sábana

ከቦርታ ዓራት
colcha

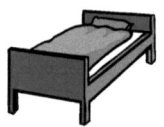

ዓራት
cama

መኾስተር
escoba

መገለል
balde

መወልዒት
interruptor

ክፍሊ ምቕማጥ

sala

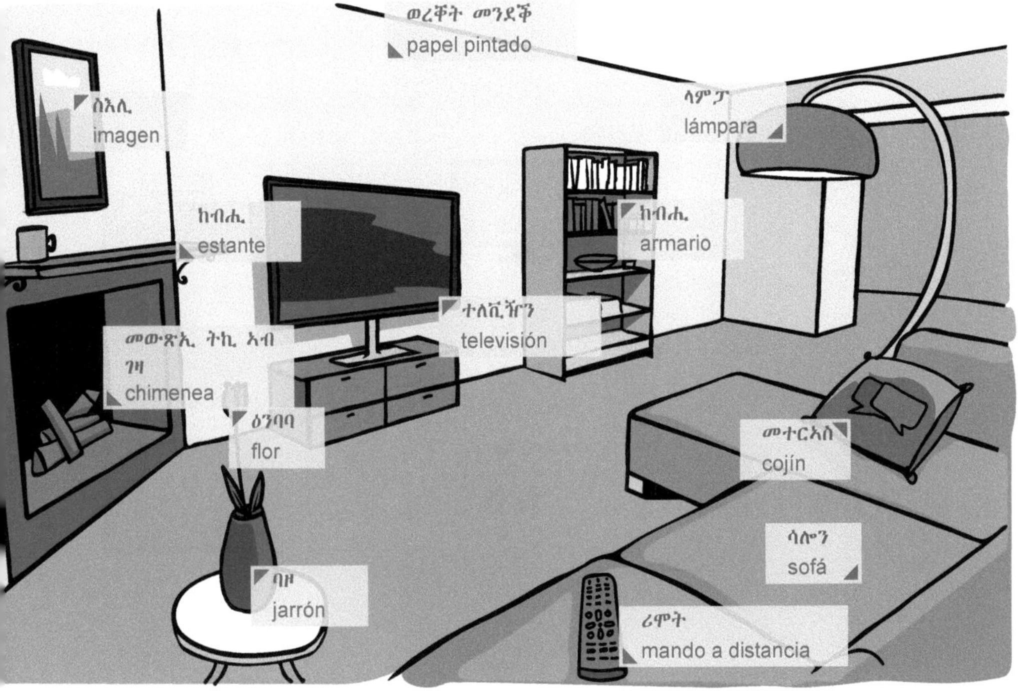

ወረቐት መንደቕ
papel pintado
ስእሊ
imagen
ላምፓ
lámpara
ከብሒ
estante
ከብሒ
armario
ተለቪዥን
televisión
መውጽኢ ትኪ ኣብ ገዛ
chimenea
ዕንባባ
flor
መተርኣስ
cojín
ሳሎን
sofá
ባዞ
jarrón
ሪሞት
mando a distancia

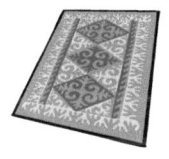

መንጸፍ

....

alfombra

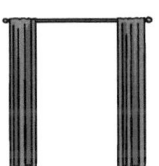

መጋረጃ

....

cortina

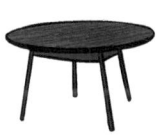

ጣውላ

....

mesa

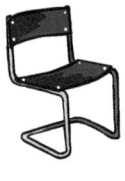

መንበር

....

silla

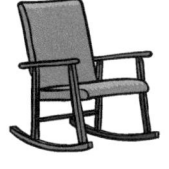

ሰለል ዝብል መንበር

....

mecedora

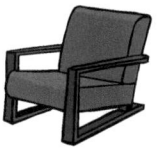

መንበር ምቹእ

....

butaca

መጽሐፍ

libro

ከበርታ

manta

ስልማት

decoración

እንጨይቲ ሓዊ

leña

ፊልም

película

ስተሪዮ

equipo de música

መፍትሕ

llave

ጋዜጣ

periódico

ቅብአ

pintura

ፖስተር

póster

ረድዮ

radio

ጥራዝ

cuaderno

መልገሲ. ደሮና

aspiradora

በለስ

cactus

ሽምዓ

vela

ክሽነ
cocina

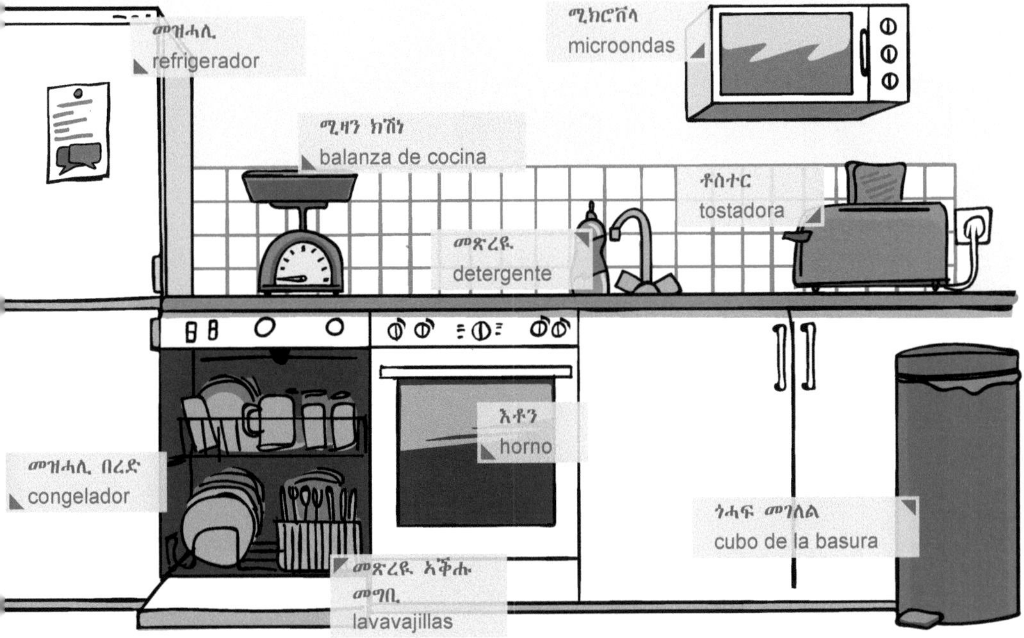

መዝሓሊ
refrigerador
ሚክሮቨላ
microondas
ሚዛን ክሽነ
balanza de cocina
ቶስተር
tostadora
መጽረዪ
detergente
እቶን
horno
መዝሓሊ በረድ
congelador
ጎሓፍ መገለል
cubo de la basura
መጽረዪ አቕሑ መግቢ
lavavajillas

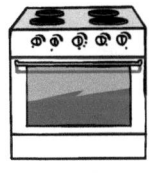

መኸሸኒ
....
olla a presión

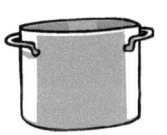

ድስቲ
....
olla

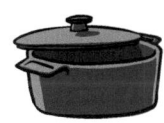

ድስቲ ሓጺን
....
olla de hierro fundido

ቮክ/ካዳይ
....
wok / karahi

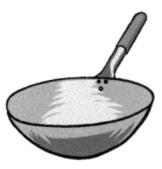

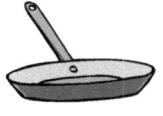

ባደላ
....
cazuela

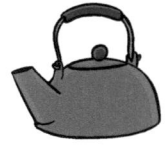

መውዓዪ ማይ
....
hervidor

መፍልሒ

vaporera

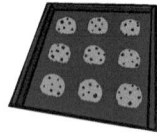

ጎንቴራ ምስንካት

chapa de horno

ኣቕሑ መግቢ

vajilla

ብርጭቆ

taza

ጭሓሎ

tazón

ማንካቺና

palillos

ማንካ መረቕ

cucharón

መገልበጢ ባደላ

espumadera

መኽለስተር ውርጪ

batidor

መንፈት መግቢ

colador

መንፈት

cedazo

መፋሕፍሒ

rallador

ሞርታር

mortero

ባርቢክዩ

barbacoa

ስፍራ ሓዊ

hoguera

እንጨይቲ ምምታር

tabla de picar

እንጨይቲ ኮረሪC

rodillo

መኽፈት ቡሽ

sacacorchos

ታኒካ

lata

መኽፈቲ ታኒካ

abrelatas

ጨርቂ ድስቲ

agarrador

ቡምባ

lavabo

አስባስላ

cepillo

ሰፍነግ

esponja

ሓዋሲ አደባላቒ

batidora

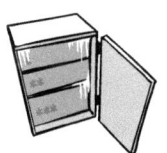

መዝሓሲ በረድ

congelador

ጥርሙዝ ማማይ

biberón

ቡምባ ማይ

grifo

ክፍሊ ባንዮ

cuarto de baño

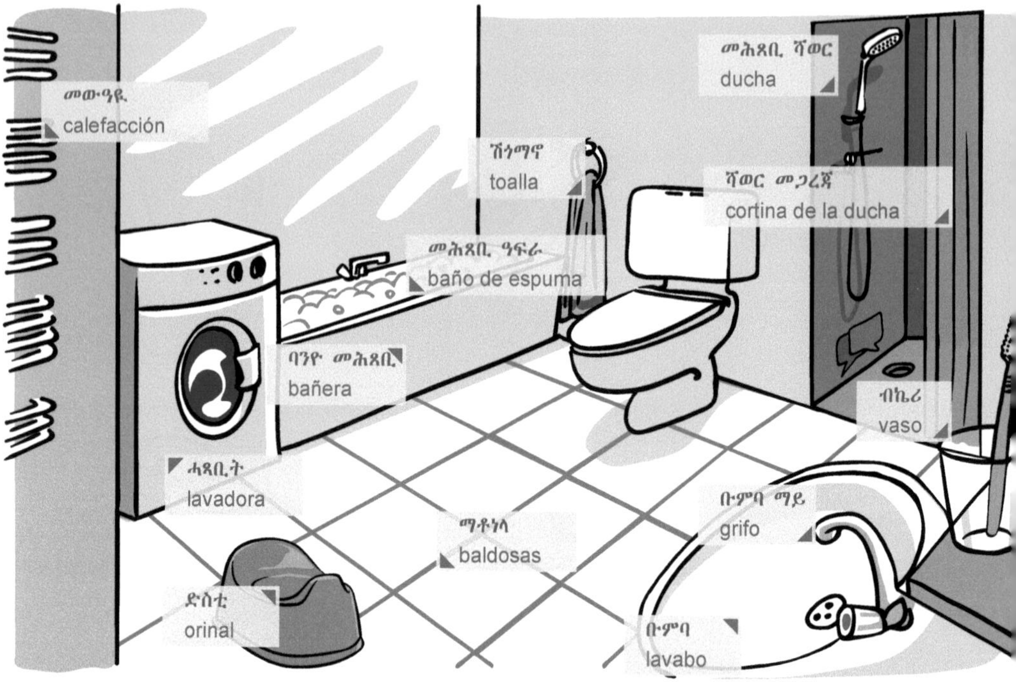

መውዓዪ
calefacción
ሽጎማኖ
toalla
መሕጸቢ ሻወር
ducha
ሻወር መጋረጃ
cortina de la ducha
መሕጸቢ ዓፍራ
baño de espuma
ባንዮ መሕጸቢ
bañera
ብኬሪ
vaso
ሓጻቢት
lavadora
ቡምባ ማይ
grifo
ማቶነላ
baldosas
ድስቲ
orinal
ቡምባ
lavabo

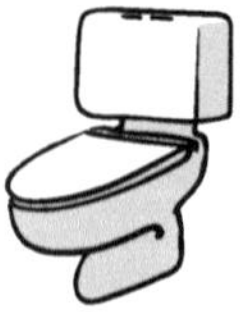

ሽቓቕ
....
inodoro

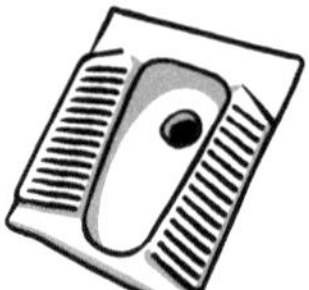

ሽቓቕ ኮፍ
....
inodoro rústico

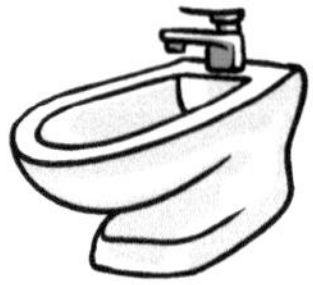

በዱ
....
bidé

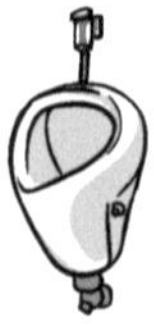

ሽቓቕ ተባዕታይ
....
urinario

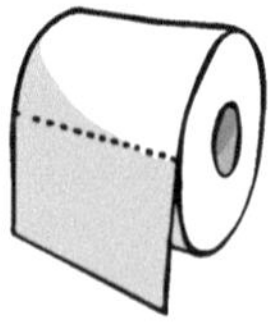

ወረቐት ሽቓቕ
....
papel higiénico

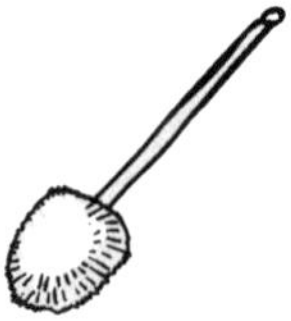

ኣስባስላ ሽቓቕ
....
escobilla del váter

አስባስላ ስኒ
cepillo de dientes

ክረማ ስኒ
pasta de dientes

ሃሪ ስኒ
hilo dental

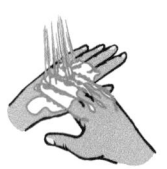

ሓጸብ
lavar

ዱሽ ኢድ
ducha de mano

ዱሽ
ducha íntima

ብርጭቆ ምሕጻብ
pila

አስባስላ ሕቖ
cepillo de espalda

ሳምና
jabón

ሻወር ጀል
gel de ducha

ሻምፑ
champú

ጨርቂ መሕጸቢ
toallita

መውሓዚ
desagüe

ክረማ
crema

ደዮ ጨና
desodorante

መስትያት

espejo

ናይ ኢድ መስትያት

espejo de tocador

መላጸ

maquinilla de afeitar

ዓፍራ ምልጸይ

espuma de afeitar

ጨና ድሕሪ ምልጸይ

loción postafeitado

መመሸጥ

peine

አስባስላ

cepillo

መንቆጺ ጸግሪ

secador

ስፕረይ ጸግሪ

laca

መመላኽዒ

maquillaje

ብርዒ ቀለም ከንፈር

pintalabios

አዝማልቶ

pintauñas

ጸምሪ ጡጥ

algodón

መስደዲ ጽፍሪ

cortauñas

ጨና

perfume

ሳንጣ መሕጸቢ
estuche de viaje

ድኳ
banqueta

ሚዛን
balanza

ክዳን መሕጸቢ
albornoz

ጓንቲ መጸረዪ
guantes de goma

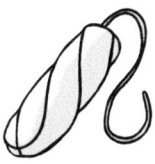

ታምፖን
tampón

ጨርቂ ሰበይቲ
compresa

ሽቓቕ ከሚስትሪ
inodoro químico

habitación de los niños

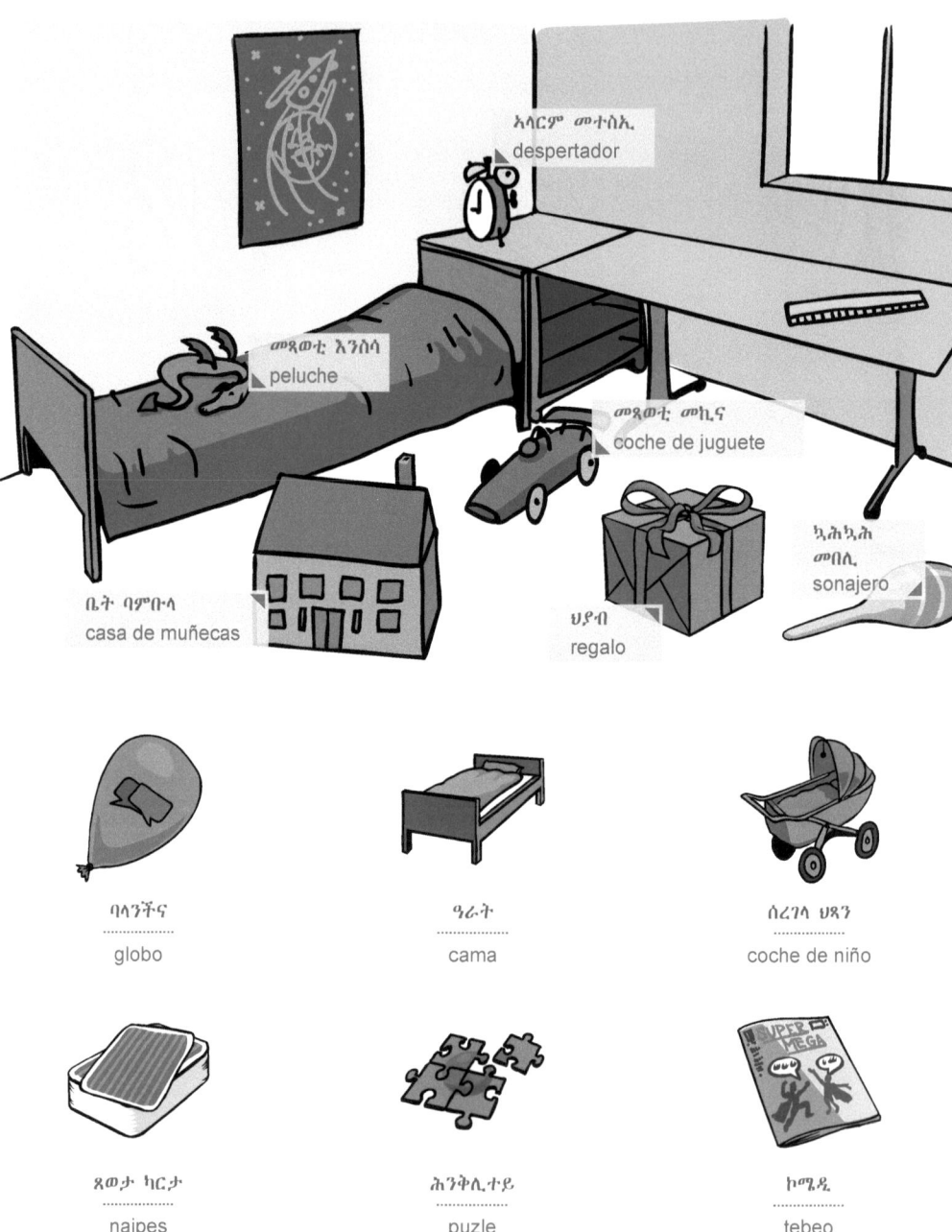

አላርም መተስኢ
despertador

መጻወቲ እንስሳ
peluche

መጻወቲ መኪና
coche de juguete

ቤት ባምቡላ
casa de muñecas

ህያብ
regalo

ኳሕኳሕ መበሊ
sonajero

ባላንችና
globo

ዓራት
cama

ሰረገላ ህጻን
coche de niño

ጸወታ ካርታ
naipes

ሕንቅሊተይ
puzle

ኮሚዲ
tebeo

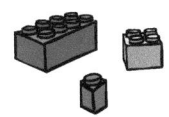

እምንታት መጸወቲ ለጎ
....
piezas de lego

መጸወቲ እምንታት
....
bloques de juguete

በዓል አክቸን
....
figura de acción

ክዳን ማማይ
....
bodi (de bebé)

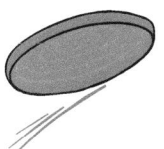

ፍሪስቢ
....
frisbee

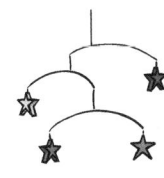

ሞባይል ማማይ
....
colgador móvil para bebés

ጸወታ ሰሌዳ
....
juego de mesa

ኩቦ
....
dados

ሞደል ባቡር ምድሪ
....
circuito de tren eléctrico

ዓባስ
....
maniquí

ፓርቲ
....
fiesta

መጽሓፍ ስእሊ
....
álbum de fotos

ኩዕሶ
....
pelota

ባምቡላ
....
muñeca

ተጻወት
....
jugar

መጻወቲ ሐጻ

cajón de arena

ሰላል

columpio

መጻወቲታት

juguetes

ኮንሶል ቪድዮ

videoconsola

መጻወቲ ሰለስተ መንኮርኮር

triciclo

ተዲ

oso de peluche

ከብሒ ክዳን

guardarropa

ክዳን

ropa

ካልስታት

calcetines

ነዊሕ ካልስታት

medias

ስረ ካልሲ

leotardos

ሻርባ
bufanda

ጽላል
paraguas

ማልያ
camiseta

ቁልፊ
cinturón

ስኒከርስ
deportivas

ረፉዕ
botas

ጫማ ገዛ
zapatillas

ሻበጥ
....
sandalias

ጫማ
....
zapatos

ረፉዕ ጎማ
....
botas de goma

ሙታንታ
....
slip

ክዳን ጡብ
....
sostén

ትሕተ ካሚቻ
....
chaleco

ክዳን - ropa 45

ቦዲ

bodi

ስረ

pantalones

ጂንስ

vaqueros

ቀምሽ

falda

ካምቻ

blusa

ካሚቻ

camisa

ጉልፎ

jersey

ጎልፎ

suéter

ጃኬት

blazer

ጃከት

chaqueta

ጁባ

abrigo

ክዳን ዝናብ

gabardina

ኮስቱም

traje

ቀምሽ

vestido

ቀምሽ መርዓ

vestido de novia

ልብሲ.
traje

ካሚቻ ለይቲ
camisón

ክዳን ለይቲ
pijama

ሳሪ
sari

መሃረብ ርእሲ.
bandana

ቱርባን
turbante

ቡርካ
burka

ካፍታን
caftán

አባያ
abaya

ክዳን መሕምበሲ.
traje de baño

ስረ መሕምበሲ.
bañador

ሓጺር ስረ
pantalones cortos

ክዳን ታዕሊም
chándal

በጃ ክዳን
delantal

ጓንቲ
guantes

መልጎም

botón

መነጽር

gafas

በንናጅር

brazalete

ማዕተብ

collar

ቀለበት

anillo

ኩትሻ

pendiente

ቆብዕ

gorra

መንበሪ ጁባ

percha

ባርኔጣ

sombrero

ካርራቫት

corbata

ሻርኔጣ

cremallera

ሀልመት

casco

መድልደል ስረ

tirantes

ድቢዛ ቤትትምህርቲ

uniforme escolar

ድቢዛ

uniforme

ሰደርያ ቆልዓ
babero

ዓባስ
maniquí

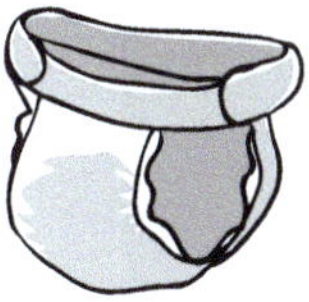

ጨርቂ ማማይ
pañal

ቤት ጽሕፈት
oficina

ሰርቨር
servidor

ከብሒ ሰነድ
archivo

ፕሪንተር
impresora

ወረቐት
papel

ሞኒተር
monitor

ጣውላ ምድሓፍ
escritorio

አንጭዋ
ratón

ሓዣሪ
carpeta

ኪቦርድ
teclado

ጎሓፍ ወረቐት
papelera

ኮምፒተር
ordenador

መንበር
silla

ብርጭቆ ቡን
taza de café

ካልኩለተር
calculadora

ኢንተርነት
internet

ለፕቶፕ
portátil

ደብዳበ
carta

መልእኽቲ
mensaje

ሞባይል
móvil

ነትወርክ/መርበብ
red

መቅድሒ ፎቶኮፒ
fotocopiadora

ሶፍትዌር
software

ተለፎን
teléfono

ሶከት ኳረንቲ
toma de corriente

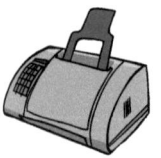

ፋክስ
fax

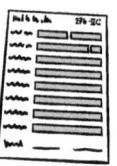

ፎርም
formulario

ሰነድ
documento

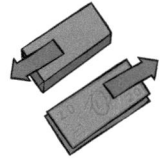

ገዝአ

comprar

ከፈለ

pagar

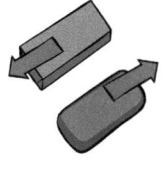

ንግዴ

comerciar

ገንዘብ

dinero

 USD

ዶላር

dólar

 EUR

አይሮ

euro

 JPY

የን

yen

 RUB

ሩብል

rublo

 CHF

ስዊዝ ፍራንከን

franco suizo

 CNY

ረንሚንቢ ዩዋን

renminbi yuan

 INR

ሩጥየ

rupia

መውጽኢ ማሽን ገንዘብ

cajero automático

ቦታ ቅያር ገንዘብ

oficina de cambio de divisas

ወርቂ

oro

ብሩር

plata

ዘይቲ

petróleo

ሓይሊ

energía

ዋጋ

precio

ውዕል

contrato

ቀረጽ

impuesto

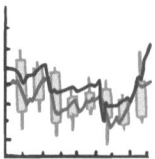

እኩብ ጥሪ-ነገራት

acción

ሰርሐ

trabajar

ሰራሕተኛ

empleado

እስራሒ

empleador

ትካል

fábrica

ዱኳን

tienda

በዓል ፖሊስ
agente de policía

መጠፊኢ ሓዊ
bombero

ከሻኒ
cocinero

ሓኪም
médico

መራሒ ነፋሪት
piloto

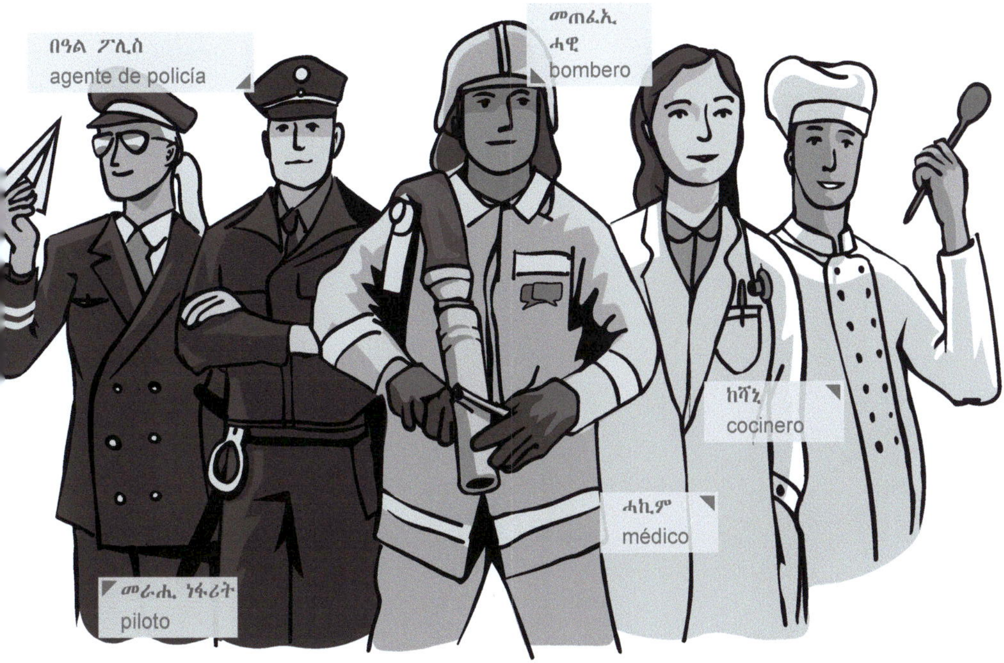

ሰራሕተኛ ጀርዲን
jardinero

ጸራቢ ዕንጸይቲ
carpintero

ሰፋይት
costurera

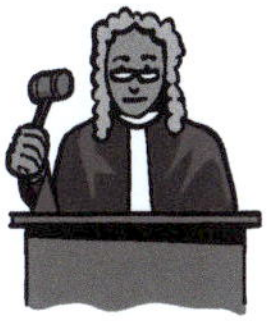

ፈራዳይ
juez

ቀማሚ
farmacéutico

ተዋሳኢ
actor

መራሒ አዉቶቡስ

conductor de autobús

አዉቲስታ ታክሲ

taxista

ገፋፊ ዓሳ

pescador

ጸራጊት

señora de la limpieza

ሃናጻይ ናሕሲ

techador

አሰላፊ

camarero

ሃዳናይ

cazador

ሰአላይ

pintor

እንዳ ሕብስቲ

panadero

ኤለትሪከኛ

electricista

ሃናጺ አባይቲ

obrero

ሃንዳሲ

ingeniero

ሰራሕተኛ እንዳ ስጋ

carnicero

ድራብሊኮ

fontanero

አማላላሲ ፖስጣ

cartero

ወተሃደር
soldado

መሃንድስ
arquitecto

ተሓዝ ገንዘብ
cajero

ሰራሕተኛ ዕምባባ
florista

ቀምቃማይ
peluquero

ፈተሪኖ
revisor

መካኒክ
mecánico

መራሒ መርከብ
capitán

ሓኪም ስኒ
dentista

ተመራማሪ
científico

ራቢ
rabino

ኢማም
imán

ፈላሲ
monje

ቀሺ
sacerdote

ናውቲ

herramientas

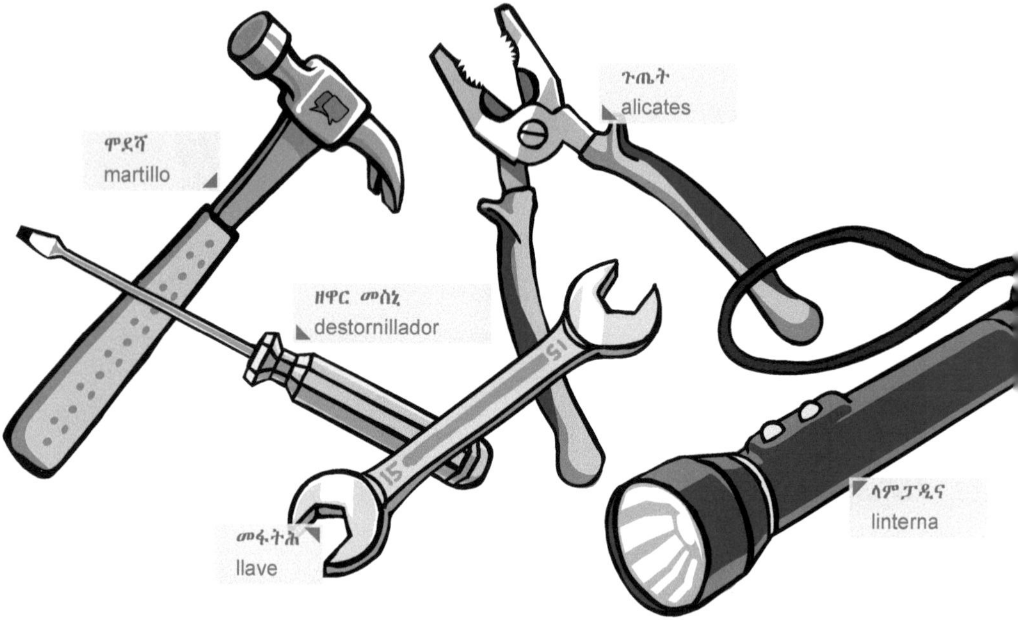

ሞደሻ
martillo
ጉጤት
alicates
ዘዋሪ መስኒ
destornillador
15
15
መፍትሕ
llave
ላምፓዲና
linterna

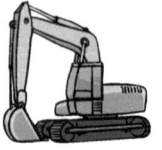

ፈሓሪ

excavadora

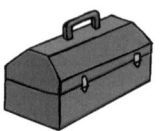

ናውቲ ቦክስ

caja de herramientas

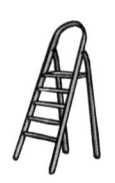

መደያይቦ

escalera de mano

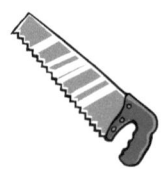

መጋዝ

sierra

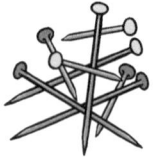

መስማር

clavos

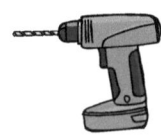

ኩዓቲ

taladro

ምዕራይ
reparar

ባደላ
pala

አይ!
¡Maldita sea!

መትሓቢ ዶሮና
recogedor

ድስቲ ቀለም
bote de pintura

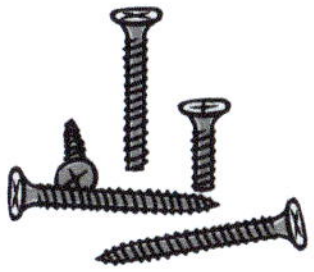

ካቻቢተ
tornillos

መሳርሒ ሙዚቃ

instrumentos musicales

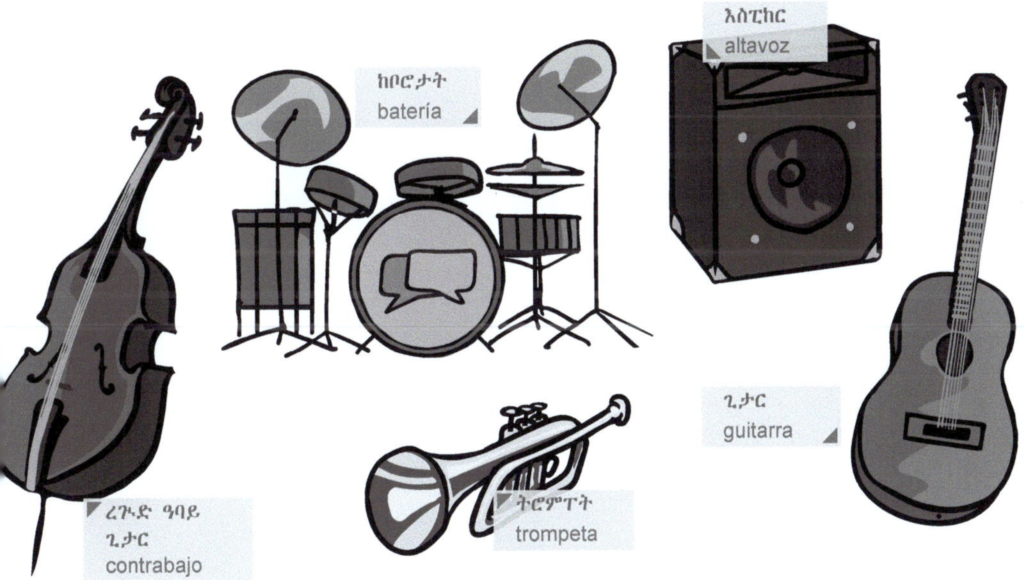

ከቦታት
batería

እስፒከር
altavoz

ሪጉ-ድ ዓባይ
ጊታር
contrabajo

ትሮምፐት
trompeta

ጊታር
guitarra

ፒያኖ

piano

ቪዮሊን

violín

ባስ ጊታር

bajo

ቲምንኢ

timbales

ከበሮ

tambor

ኦርጋን

teclado

ሳክሶፎን

saxofón

ሻምብቆ

flauta

ሚክሮፎን

micrófono

መካነ እንስሳታት

ZOO

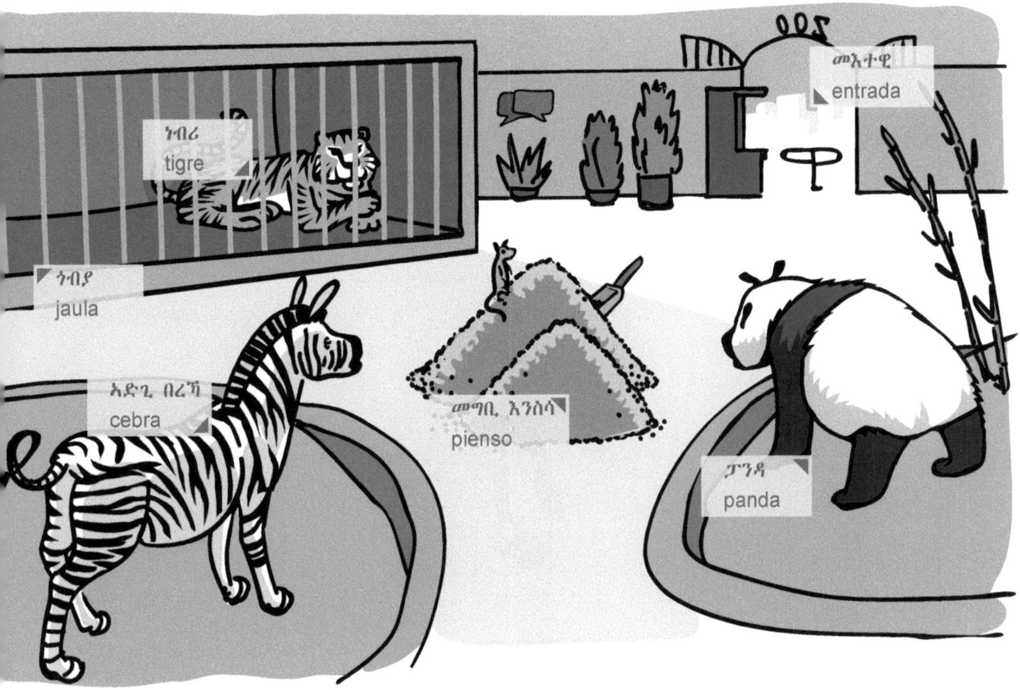

መእተዊ
entrada
ነብሪ
tigre
ጎብያ
jaula
ኣድጊ በረኻ
cebra
መግቢ እንስሳ
pienso
ፓንዳ
panda

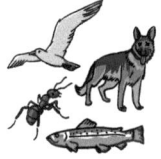

እንስሳታት
....
animales

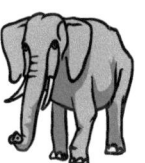

ሓርማዝ
....
elefante

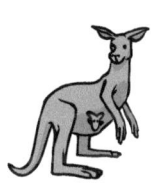

ካንጋሩ
....
canguro

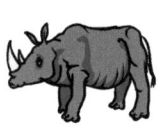

ሓሪሽ
....
rinoceronte

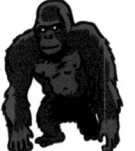

ጉሪላ
....
gorila

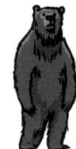

ድቢ
....
oso

ገመል
camello

ሰገን
avestruz

አንበሳ
león

ህበይ
mono

ፍላሚንጎ
flamingo

ሕንጻይ
loro

ድቢ በረድ
oso polar

ፐንጉን
pingüino

ክልቢ ዓሳ
tiburón

ጣውስ
pavo real

ተመን
serpiente

ሓርገጽ
cocodrilo

ሓላዊ ቤት ገርድሽ
guardián de zoológico

ዓሳ ዚምገብ እንስሳ ባሕሪ
foca

ጃጓር
jaguar

ሓጹር ፈረስ
....
poni

ነብሪ
....
leopardo

ጉማረ
....
hipopótamo

ጂራፍ
....
jirafa

ሊላ
....
águila

መፍለስ
....
jabalí

ዓሳ
....
pescado

ጎብየ
....
tortuga

ዋልሩስ
....
morsa

ወኻርያ
....
zorro

ሰስሓ
....
gacela

ናይ አሜሪካ ኩዕሶ እግሪ
fútbol americano

ምዝዋር ብሽግለታ
ciclismo

ተኒስ
tenis

ባስኬትባል
baloncesto

ምሕምባስ
natación

ቦክሲንግ
boxeo

ሆኪ በረድ
hockey sobre hielo

ኩዕሶ እግሪ
fútbol

ባድሚንቶን
bádminton

እስፖርታዊ ንጥፈታት
atletismo

ኩዕሶ ኢድ
balonmano

ስኪ
esquí

ፖሎ
polo

ሰሓቐ
reír

ነጠረ
saltar

ሓቖፈ
abrazar

ከደ
caminar

ደረፈ
cantar

ሓለመ
soñar

ጸለየ
rezar

ሰዓመ
besar

ጸሓፈ

escribir

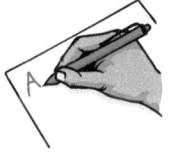

ሰኣለ

dibujar

ኣርኣየ

mostrar

ደፍአ

empujar

ሃበ

dar

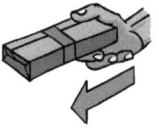

ወሰደ

tomar

አለወ

tener

ገበረ

hacer

ኮነ

ser

ጠጠው በለ

estar de pie

ጎየየ

correr

ሰሓበ

tirar

ሰንደወ

tirar

ወደቐ

caer

ሓሰወ

yacer

ተጸበየ

esperar

ሰከም

llevar

ኮፍ በለ

estar sentado

ተኸድነ

vestirse

ደቀሰ

dormir

ተስአ

despertar

ረአየ
mirar

በኸየ
llorar

ብኣጸብኡ ደረዘ
acariciar

መሸጠ
peinar

ተዛረበ
hablar

ተረድአ
entender

ሓተተ
preguntar

ሰምዐ
escuchar

ሰተየ
beber

በልዐ
comer

ኣቐመጠ
ordenar

ኣፍቀረ
amar

ከሸነ
cocinar

ዘወረ
conducir

ነፈረ
volar

ብመርክብ ገየሽ

navegar

ደመረ

calcular

አንበበ

leer

ተመህረ

aprender

ሰርሐ

trabajar

መርዓወ

casarse

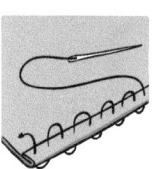

ሰፈየ

coser

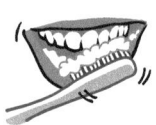

ጽሬት አስናን

cepillarse los dientes

ቀተለ

matar

ሽጋራ ተከሽ

fumar

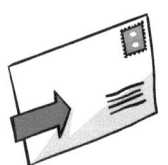

ሰደደ

enviar

ስድራቤት

familia

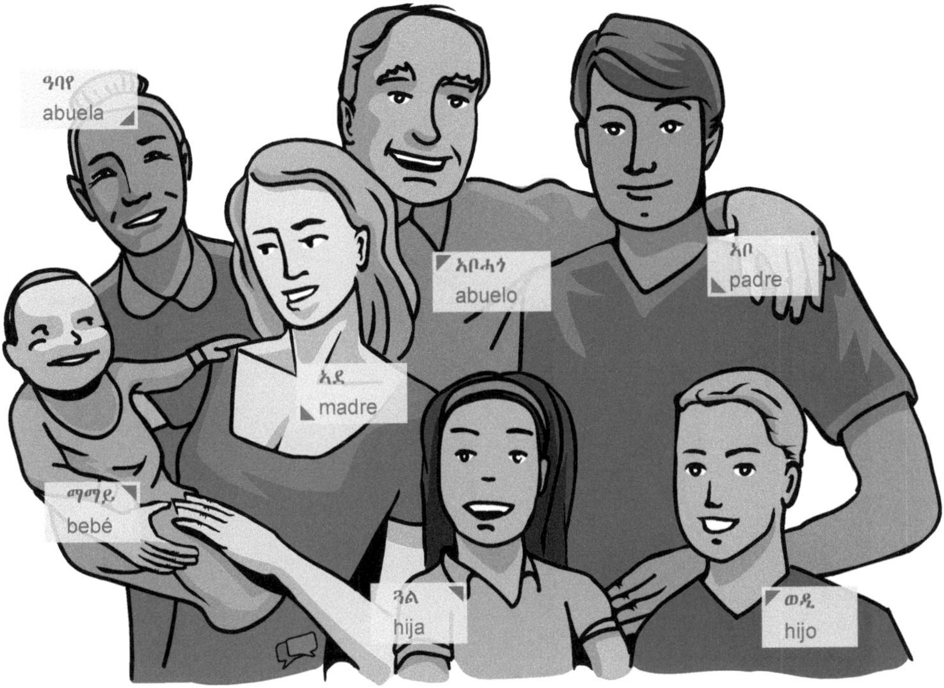
ዓባየ
abuela
ኣቦሓጎ
abuelo
ኣቦ
padre
ኣደ
madre
ማማይ
bebé
ጓል
hija
ወዲ
hijo

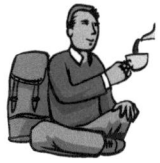

ጋሻ

....

invitado

ሓትኖ

....

tía

ኣኮ

....

tío

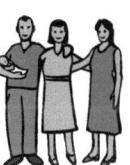

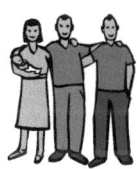

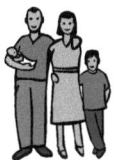

ሓው

....

hermano

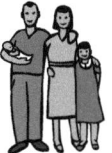

ሓፍቲ

....

hermana

ኣካላት

cuerpo

ግንባር
frente
ዓይኒ
ojo
ገጽ
cara
መንከስ
barbilla
ኣፍ-ልቢ
pecho
ኣጻብዕ
dedo
ኢድ
mano
ምናት
brazo
መንኩብ
hombro
ሽፉን እግሪ
pierna

ማማይ

bebé

ሰብኣይ

hombre

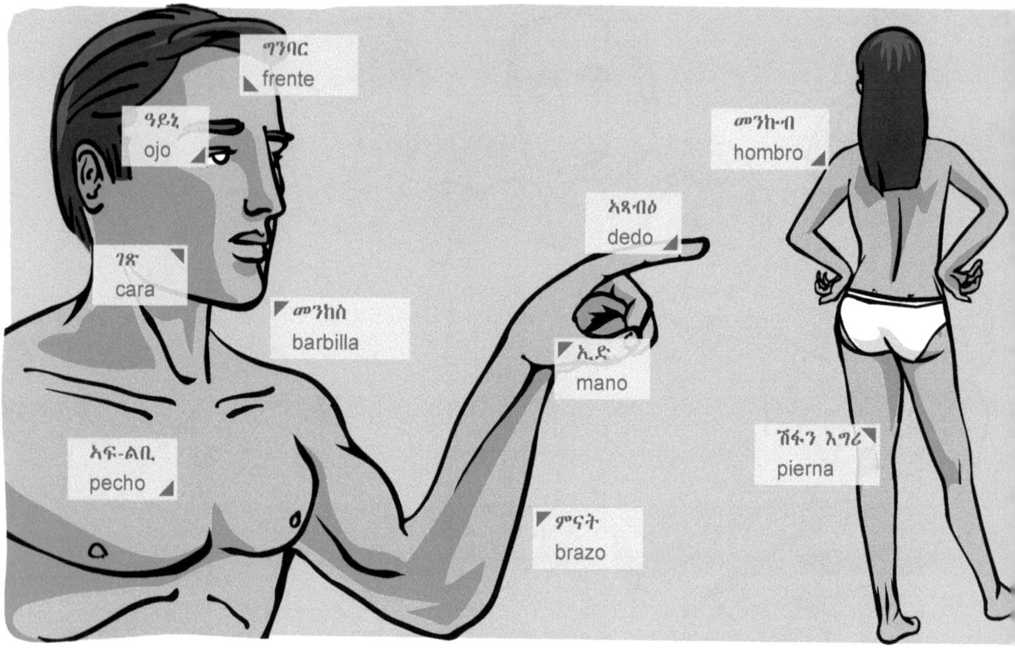

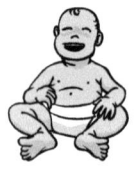

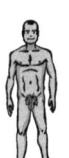

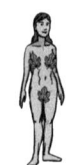

ሰበይቲ

mujer

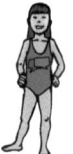

ጓል

chica

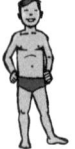

ወዲ

chico

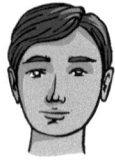

ርእሲ

cabeza

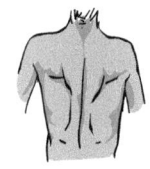

ሕቖ

espalda

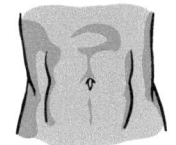

ከስዐ

vientre

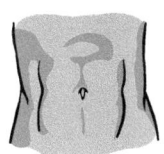

ሕምብርቲ

ombligo

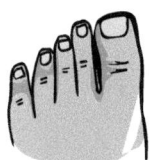

ኣጻብዕ እግሪ

dedo del pie

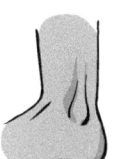

ኩርኩረ

talón

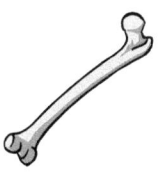

ዓጽሚ

hueso

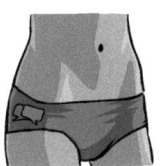

ምሕኮልቲ

cadera

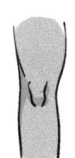

ብርኪ

rodilla

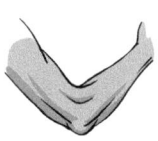

ፍግፍጉ

codo

ኣፍንጫ

nariz

መዓኮር

trasero

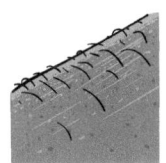

ቆርበት

piel

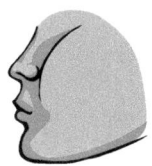

ምዕጉርቲ

mejilla

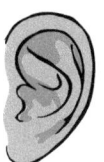

እዝኒ

oído

ከንፈር

labio

አፍ
....
boca

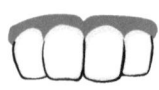

ስኒ
....
diente

መልሓስ
....
lengua

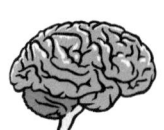

ሓንጎል
....
cerebro

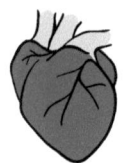

ልቢ
....
corazón

ጭዋዳ
....
músculo

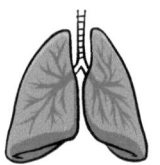

ሳንቡእ
....
pulmón

ጸላም ከብዲ
....
hígado

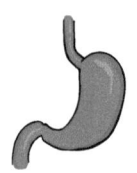

ከብዲ
....
estómago

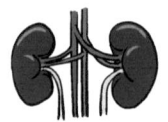

ኩሊት
....
riñones

ግብረ ስጋ
....
sexo

ኮንዶም
....
condón

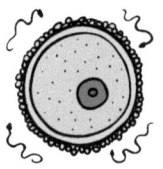

እንቋቝሓ
....
ovario

ዘርኢ ተባዕታይ
....
semen

ጥንሲ
....
embarazo

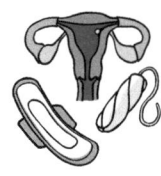

ጽግያት

menstruación

ርሕሚ

vagina

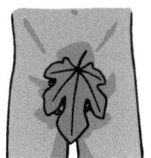

መትሎ

pene

ሽፋሽፍቲ

ceja

ጸግሪ

pelo

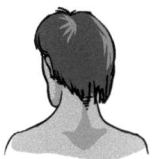

ክሳድ

cuello

ሆስፒታል
hospital

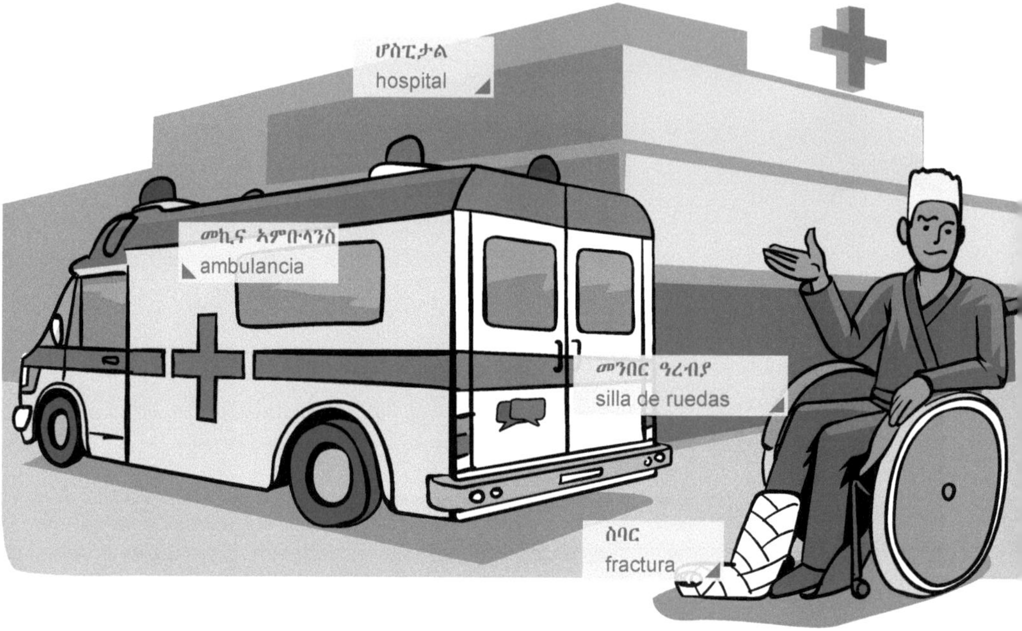

ሆስፒታል
hospital
መኪና ኣምቡላንስ
ambulancia
መንበር ዓረብያ
silla de ruedas
ስባር
fractura

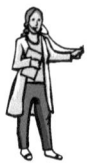

ሓኪም

médico

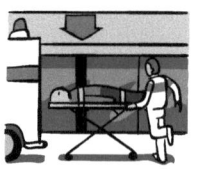

ክፍሊ ህጹጽ ረድኤት

sala de urgencias

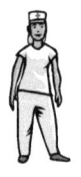

ኣላይት

enfermera

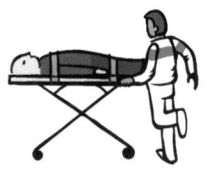

ህጹጽ ኩነት

urgencia

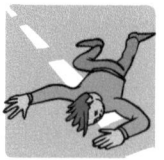

ውነኡ ዘጥፍአ

inconsciente

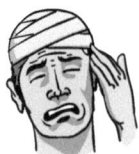

ቃንዛ

dolor

ጉድኣት

lesión

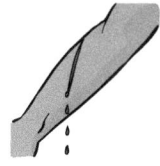

ደም

hemorragia

ማህረምቲ

infarto

ማህረምቲ

ictus

ኣለርጂ

alergia

ሰዓል

tos

ረስኒ

fiebre

ኡንፍልወንዛ

gripe

ውጽኣት

diarrea

ቃንዛ ርእሲ

dolor de cabeza

መንሽሮ

cáncer

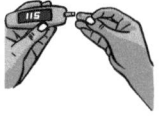

ሹኮርያ

diabetes

ሓኪም መጥባሕቲ

cirujano

መጥብሒ

bisturí

መጥባሕቲ

operación

CT
TAC

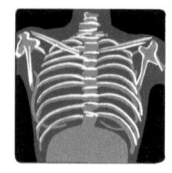

ራዲ
rayos x

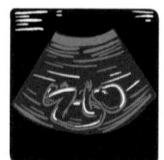

ልዕለ ድምጻዊ
ultrasonido

መሸፈኒ ገጽ
mascarilla

ሕማም
enfermedad

ክፍሊ ምጽባይ
sala de espera

ምርኩስ
muleta

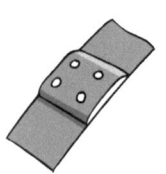

መጀነኒ ቁስሊ
tirita

መጀነኒ
venda

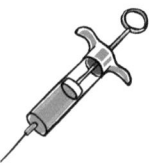

መርፍዕ ምውጋእ
inyección

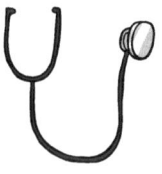

ስተቶስኮፕ
estetoscopio

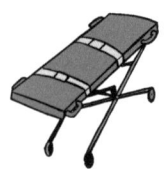

መሰከሚ ሕማም
camilla

ቴርሞመተር
termómetro

ትውልዲ
nacimiento

ልዕለ-ሚዛን
sobrepeso

ሓገዝ ምስማዕ
audífono

ኣንጺሂ
desinfectante

ልበዳ
infección

ቫይረስ
virus

ኤድስ
VIH / SIDA

ሕክምና
medicina

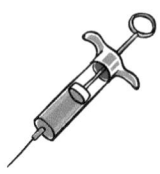

ክታብ
vacunación

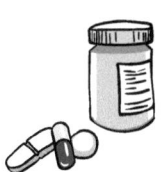

ኪኒና
tabletas

ኪኒና
pastilla

ህጹጽ ምድዋል
llamada de urgencia

መዕቀኒ ጸቕጢ ደም
tensiómetro

ሕሙም / ጥዑይ
enfermo / sano

ሆስፒታል - hospital

ሓገዝ

¡Socorro!

ኣላርም

alarma

ምህጃም

asalto

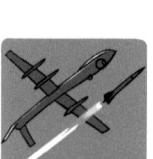

መጥቃዕቲ

ataque

ድንገት

peligro

ህጹጹ መውጽኢ

salida de emergencia

ሓዊ!

¡Fuego!

መጥፍኢ ሓዊ

extintor de incendios

ሓደጋ

accidente

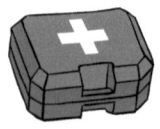

ሳንጣ ቀዳማይ ረድኤት

botiquín de primeros
auxilios

SOS

SOS

ፖሊስ

policía

ኤውሮጳ

Europa

ሰሜን አመሪካ

Norteamérica

ደቡብ አመሪካ

Sudamérica

አፍሪቃ

África

ኤስያ

Asia

አውስትራልያ

Australia

አትላንቲክ

Atlántico

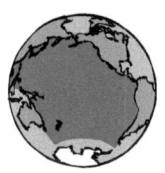

ፓሲፊክ

Pacífico

ህንዳዊ ዉቅያኖስ

Océano Índico

አንታርቲካዊ ዉቅያኖስ

Océano Antártico

አርክቲካዊ ዉቅያኖስ

Océano Ártico

ሰሜናዊ ዋልታ

polo norte

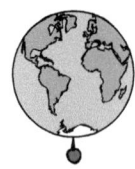

ደቡባዊ ዋልታ

polo sur

አንታርቲካ

Antártida

ምድሪ

tierra

መሬት

tierra

ባሕሪ

mar

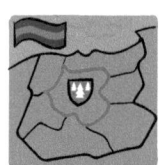

ደሴት

isla

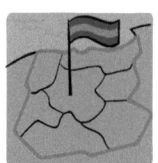

ሃገር

nación

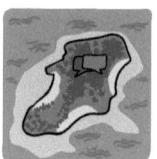

ዓዲ

estado

ገጽ ሰዓት

esfera

አመልካቲ ሰዓታት

manecilla de las horas

አመልካቲ ደቓይቕ

minutero

አመልካቲ ካልኢት

segundero

ሰዓት ክንደይ አሎ?

¿Qué hora es?

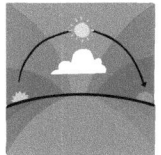

መዓልቲ

día

ግዜ

tiempo

ሕጂ

ahora

ዲጊታል ሰዓት

reloj digital

ደቒቕ

minuto

ሰዓት

hora

semana

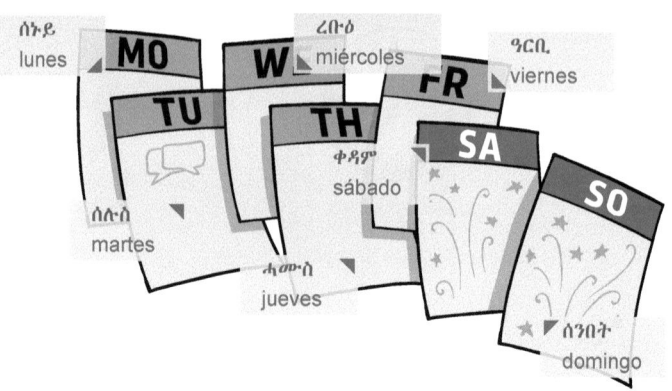

ሰኑይ
lunes

ረቡዕ
miércoles

ዓርቢ
viernes

ቀዳም
sábado

ሰሉስ
martes

ሓሙስ
jueves

ሰንበት
domingo

ትማሊ
....
ayer

ሎሚ
....
hoy

ጽባሕ
....
mañana

ንጎሆ
....
mañana

ቀትሪ
....
mediodía

ምሸት
....
tarde

መዓልታት ስራሕ
....
días laborables

መወዳእታ ሰሙን
....
fin de semana

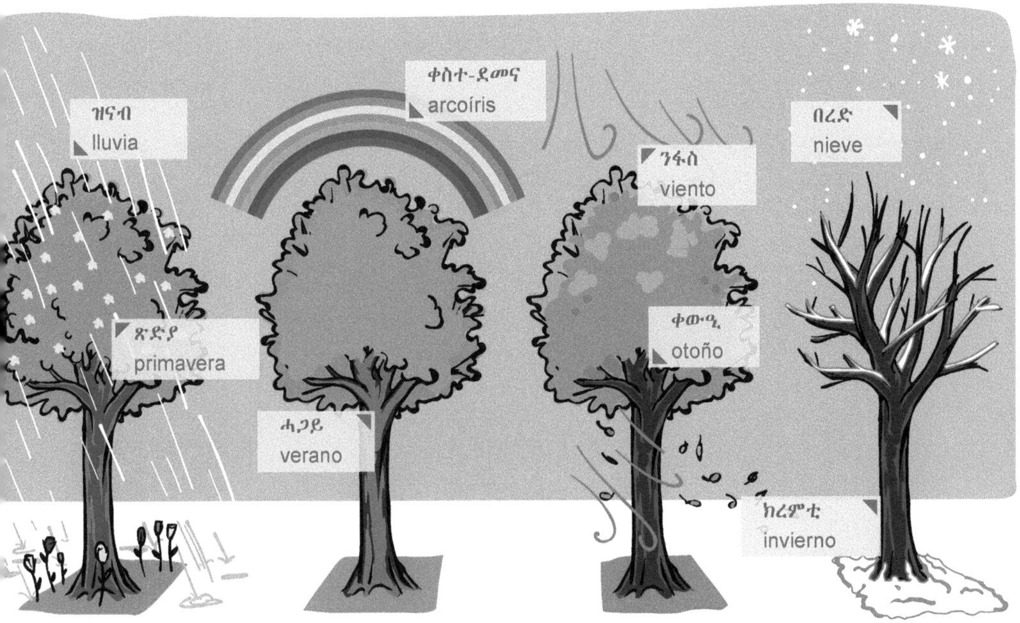

ቀስተ-ደመና
arcoíris

ዝናብ
lluvia

ንፋስ
viento

በረድ
nieve

ጽድያ
primavera

ቀውዒ
otoño

ሓጋይ
verano

ክረምቲ
invierno

4.APRIL	11°	☀
5.APRIL	4°	
6.APRIL	13°	
7.APRIL	8°	☀
8.APRIL	10°	☀

ትንቢት ኩነታት ኣየር
pronóstico del tiempo

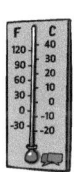

ቴርሞመተር
termómetro

ብርሃን ጸሓይ
sol

ደበና
nube

ግመ
niebla

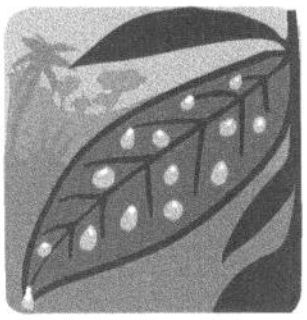

ጠሊ
humedad

ብርቂ
....
rayo

ነጕዳ
....
trueno

ህቦብላ
....
tormenta

በረድ
....
granizo

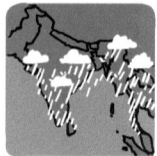

ብርቱዕ ህቦብላ
....
monzón

ውሕጅ
....
inundación

በረድ
....
hielo

ጥሪ
....
enero

ለካቲት
....
febrero

መጋቢት
....
marzo

ሚያዝያ
....
abril

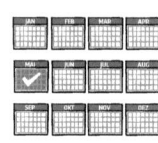

ጉንበት
....
mayo

ሰነ
....
junio

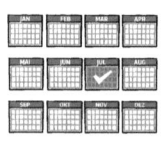

ሓምለ
....
julio

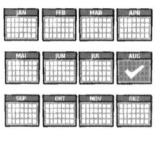

ነሓሰ
....
agosto

ዓመት - año

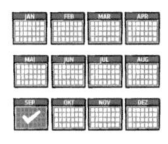

መስከረም
....
septiembre

ጥቅምቲ
....
octubre

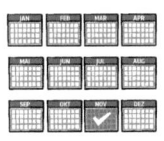

ሕዳር
....
noviembre

ታሕሳስ
....
diciembre

ቅርጻታት
formas

ዘርያ
....
círculo

ትርብዒት
....
cuadrado

ቅኑዕ ርቡዕ ኲርናዕ
....
rectángulo

ስሉስ ኲርናዕ
....
triángulo

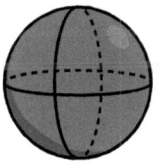

ክቢ
....
esfera

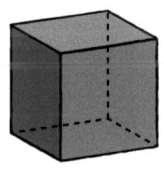

ኩቦ
....
cubo

ጸዕዳ

blanco

ብጫዬ

amarillo

ኣራንሺ

anaranjado

ፒንክ

rosa

ቀይሕ

rojo

ጁኽ

morado

ሰማያዊ

azul

ቀጠልያ

verde

ቡናዊ

marrón

ሓሙኽሽታይ

gris

ጸሊም

negro

opuestos

ብዙሕ / ውሑድ

mucho / poco

ሕሩቕ / ሰላማዊ

enojado / tranquilo

ጽቡቕ / ክፉእ

bonito / feo

መጀመርያ / መወዳእታ

principio / fin

ዓቢ / ንእሽቶ

grande / pequeño

ብሩህ / ጸልማት

claro / oscuro

ሓው / ሓፍት

hermano / hermana

ጽሩይ / ርሳሕ

limpio / sucio

ምሉእ / ዘይምሉእ

completo / incompleto

መዓልቲ / ለይቲ

día / noche

ሙዉት / ህልው

muerto / vivo

ሰፊሕ / ጸቢብ

ancho / estrecho

ደስ ዘበል / ደስ ዘይብል
comestible / no comestible

እኩይ / ህያዋይ
malo / amable

ርቡጽ / ስልኩይ
entusiasmado / aburrido

ረጊድ / ቀጢን
gordo / delgado

ቀዳማይ / ናይ መወዳእታ
primero / último

ዓርኪ / ጸላኢ
amigo / enemigo

ምሉእ / ባዶ
lleno / vacío

ተሪር / ልስሉስ
duro / blando

ከቢድ / ፈኩስ
pesado / ligero

ጥምየት / ጽምየት
hambre / sed

ሕሙም / ጥዑይ
enfermo / sano

ዘይሕጋዊ / ሕጋዊ
ilegal / legal

መስተውዓሊ / ስዲ
inteligente / tonto

ጸጋም / የማን
izquierda / derecha

ቐረባ / ርሑቕ
cerca / lejos

86   አንጻራት - opuestos

ሓዲሽ / ብሉይ

nuevo / usado

ዋላ ሓደ / ገለ

nada / algo

ዓቢ/ኣረጊት / መንእሰይ

viejo / joven

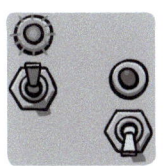

ወልዕ / ኣጥፍእ

encendido / apagado

ክፉት / ዕጹው

abierto / cerrado

ህዱእ / ዓው

silencioso / ruidoso

ሃብታም / ድኻ

rico / pobre

ቅኑዕ / ግጉይ

correcto / incorrecto

ሓርፋፍ / ልሙጽ

áspero / suave

ጉሁይ / ሕጉስ

triste / contento

ሓጺር / ነዊሕ

corto / largo

ቀስ / ቅልጡፍ

lento / rápido

ጥሉል / ንቑጽ

húmedo / seco

ምዉቕ / ዝሑል

cálido / frío

ውግእ / ሰላም

guerra / paz

አንጻራት - opuestos

0	1	2
ዜሮ	ሓደ	ክልተ
cero	uno	dos

3	4	5
ሰለስተ	አርባዕተ	ሓሙሽተ
tres	cuatro	cinco

6	7	8
ሽዱሽተ	ሸውዓተ	ሸሞንተ
seis	siete	ocho

9	10	11
ትሽዓተ	ዓሰርተ	ዓሰርተ ሓደ
nueve	diez	once

12

ዓሰርተ ክልተ

doce

13

ዓሰርተ ሰለስተ

trece

14

ዓሰርተ አርባዕተ

catorce

15

ዓሰርተ ሓሙሽተ

quince

16

ዓሰርተ ሽዱሽተ

dieciséis

17

ዓሰርተ ሸውዓተ

diecisiete

18

ዓሰርተ ሸሞንተ

dieciocho

19

ዓሰርተ ትሽዓተ

diecinueve

20

ዕስራ

veinte

100

ሚእቲ

cien

1.000

ሽሕ

mil

1.000.000

ሚልዮን

millón

እንግሊዝኛ

inglés

አመሪካዊ እንግሊዛዊ

inglés americano

ቻይናዊ ማንዳሪን

chino mandarín

ሂንዳዊ

hindi

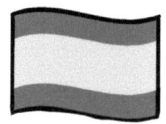

እስጳኛዊ

español

ፈረንሳዊ

francés

ዓረባዊ

árabe

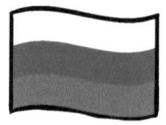

ሩሲያዊ

ruso

ፖርቱጋላዊ

portugués

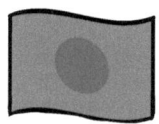

በንጋሊ

bengalí

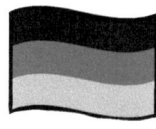

ጀርመናዊ

alemán

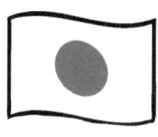

ጃፓናዊ

japonés

አነ
yo

ንስኻ/ኺ
tú

ንሱ / ንሳ / ንሱ
él / ella / ello

ንሕና
nosotros/as

ንስኻ
vosotros/as

ንሳቶም
ellos/as

መን?
¿quién?

እንታይ?
¿qué?

ከመይ?
¿cómo?

አበይ?
¿dónde?

መዓስ?
¿cuándo?

ሽም
nombre

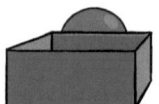

ድሕሪ

detrás

ኣብ

en

ኣብ ቅድሚ

delante de

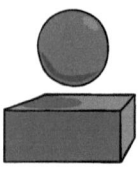

ኣብ ላዕሊ

por encima de

ኣብ ልዕሊ

sobre

ትሕቲ ምድሪ

debajo de

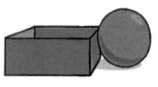

ኣብ ጥቓ

junto a

ኣብ መንጎ

entre

በታ

lugar